オーストラリアに学ぶ

「ゴールドコースト流・不動産投資」で長く儲ける、一生儲ける

株式会社ワイドエステート代表取締役社長
砂川盛作

合同フォレスト

まえがき

約30年間、お客さまが損をしたことはない

皆さん、こんにちは。オーストラリアで不動産業を営んでいる砂川盛作《すなかわせいさく》と申します。

本書では、**オーストラリアの中でも特に有望な不動産投資先である「ゴールドコースト」**について、できるだけ分かりやすく紹介させていただきます。

私自身、オーストラリアに33年住み、不動産業に31年携わりながら、オーストラリアの経済発展を毎年のごとく目の当たりにしてきました。その過程で、現在では「オーストラリアこそ、非常に優れた不動産投資先」と確信しています。

海外不動産投資において、ゴールドコーストはよくハワイと比較されます。身近な旅行先ということに加えて、経済成長が著しいことや多種多様な国の人が訪れているなど、さまざまな点で似ていることがその理由かもしれません。

確かにハワイも、不動産投資先として魅力的な市場です。経済成長や人の往来、土地・建物・立地条件の状況を考えても、不動産投資先として候補に挙がることでしょう。それでも、私はゴールドコーストを強く勧めたいと思います。

その理由は後ほど詳しく紹介するとして、ここでは特に「経済成長」という点に絡めて、ゴールドコーストの不動産の特徴を紹介しましょう。

ゴールドコーストの不動産は、ハワイのように急激な上昇ではなく、年利3％を着実に得つつ、不動産価値も毎年3％ほど上昇するような市場です。つまり、**堅実な投資を行いながら、着実な利益が得られる市場**といえるのです。

現にゴールドコーストの不動産価格は、1990年から約3倍に上昇し、コロナ禍においても特に下がっていません。しかもオーストラリアは、29年連続で経済成長を遂げているため、今後も安心して投資できます。継続的な成長は、不動産投資において非常に重要です。

こうした事実は、オーストラリアの投資家にとっては常識でも、ほとんどの日本人は知りません。ハワイでは近年激しい値動きがあり、現地の人の間で売買や賃貸市場が翻弄《ほんろう》されていると聞きますが、オーストラリアではそのようなことを回避するために保守的な施策を取っており、その点でも評価できるのです。

例えば、海外の不動産投資家が将来的な価格上昇を見越し、手当たり次第に不動産を購入することを防止しています。具体的には、購入した不動産に半年以上誰も住んでいない場合やその物件を賃貸に出さない場合、国が罰金を課しているのです。その他、投機による急激な不動産価格の高騰を避ける施策も講じられているため、バブルのような状態にはならず、将来的に資産価値が暴落する心配はないといえます。市況は安定しており、2020年9月時点におけるオーストラリアの空室率は2％です。

こうした政策が功を奏し、ほとんどの投資家が成功しています。人口増が続くオーストラリアでは全国的に、マンションや戸建ての供給が追い付かない状態なのです。現に、ゴールドコーストでも不動産物件が足りない状況です。為替も円高傾向ですので、これからオーストラリアの不動産を購入する方にとって、この環境を享受しない手はないと思います。

さらにオーストラリアは、日本と比較にならないほどの資源大国です。石油や鉄鉱石などの天然資源が山ほど眠っています。しかも食料自給率は、日本の38％（カロリーベース）に対し、オーストラリアは何と２００％です。

これらを踏まえると、もしあなたがゴールドコーストに一戸建てやコンドミニアムを購入したとすれば、自分で住むにしろ、賃貸に出すにしろ、転売するにしろ、それはまず間違いなく優良な不動産収入物件となり得るのです。

実は、オーストラリアの不動産業者はあまり儲かりません。どれほど大型物件を売っても、当地の不動産業法が関係して収入は３００万円くらいしか入りません。不動産業者が儲からないぶん、購入したお客さまにメリットがあるということです。その証拠に、この31年、私が関わった不動産取引で損をした人は１人もいません。

ゴールドコーストのホテル、ゴルフ場、マリーナはすべて日本企業が作った

もう一つ、日本人が知らない重要な事実があります。それは、１９８０年以降、ゴールドコーストの繁栄を作ったのは日本であり、日本人であるということです。

ゴールドコーストは、高級ホテル、名門ゴルフ場、高級マリーナの３つの経済基盤を中心に街全体が発展してきましたが、そのインフラはすべて日本の企業が、まさに

巨額を投じて、短期間で一気に作りました。

ところが、日本のバブル経済が崩壊するとともに日本企業は撤退。豊かなインフラだけが置き土産のように残りました。その経過を知っているオーストラリア人は、日本に対してとても感謝の念を持っています。その証拠の一つに、ゴールドコーストで最も学習されている外国語は日本語です。オーストラリアの人たちは日本人が大好きなのです。こんなに日本人ウエルカムの国なのに、その事実を日本人だけが知りません。

私はオーストラリアでは日系一世です。国籍をオーストラリアに移し、市民権も持っています。この国は、アメリカや他の国に比べて、日本人社会や組織との歴史はそう深くはありません。

後に続く世代には、オーストラリアと日本の懸け橋になってもらいたいと思っています。そして、この本を小さな土台として、世界に羽ばたく子どもたちに対して、何らかの貢献をしたいと思っています。

何よりも、**ゴールドコーストに物件を持ちながら、人生を楽しみ、どんどんお金を増やしていく……**。そんな今まで考えてもみなかった方法を、日本の皆さんに本書で知ってもらいたいと思います。

現在、日本のリタイア層が、温暖な気候で、治安が良く、質の高いセカンドライフを過ごす場所を探しているように見受けられます。それはまさしく、オーストラリア、特にゴールドコーストであると私は確信しています。

また、私は9件の保育幼稚園（アリーラーニングとよばれています）の共同オーナーでもありますが、オーストラリアの教育レベルは先進国の中でもトップクラスです。4～5人の幼児にエデュケーター（幼児保育&教諭）が1人配置され、1日の利用料が8000円～1万円ですが、国が費用の7割を負担してくれるのです。いかに質の高い保育環境を国が提供しているか想像できると思います（保護者の負担割合は年収によって変わります）。

オーストラリアは多民族国家で、エデュケーターも園児の家庭も他の国のバックグラウンドを持つことが多く、幼い頃から英語と多様性を学ぶことができます。この環境を求めて、お子さんの教育のために移住する人も増えています。

ゴールドコースト流・不動産投資とは？

では、本書で紹介しているゴールドコースト流・不動産投資とは、具体的にどのようなものでしょうか。最大のポイントは「**資産形成＋幸せなライフスタイルの実現**」にあります。

ゴールドコーストで不動産を購入し、1年の数カ月、または長期休暇などの数週間はご自身の別荘として滞在し、利用していない間は他の人に貸して家賃収入を得る。そのような素晴らしいライフスタイル投資こそ、ゴールドコースト流・不動産投資の神髄です。

私はこの仕組みを「ゴールドコースト流・幸せな不動産投資」とよんでいます。海外旅行も楽しむ。移住生活も楽しむ。何もしなくても不動産収入が入ってくる。まさに、**時間とお金から自由になりたい人にぴったりな投資法が、ゴールドコースト流・不動産投資**なのです。

通常、投資用物件はビジネスが目的なので、そこに住もうというオーナーはほとんどいません。しかし、自然と文化が共存するゴールドコーストは、何度も訪れたくなる場所です。

日本にはない人と人との触れ合いや、豊かな自然、きれいな海、健康的な山遊び、リゾート地としての魅力をすべて兼ね備えています。この環境に憧れ、オーストラリア人、そして世界中の人たちがこの地に集まってくるのです。

ゴールドコースト流・不動産投資のもう一つのメリットは、**長期で抱えるほどキャピタルゲイン、インカムゲインが緩やかなカーブで上昇していく**ということです。目先の利益にとらわれている人は、この不動産投資の基本を忘れがちです。実は、海外不動産投資は利回りではなく、その国の経済成長率やその成長の要因に加えて、国民のライフスタイルや考え方を客観的に見る、比較することなどが最も大切なのです。これらによって、不動産の価値も高まるからです。

このように、あらゆる側面から見て、不動産投資で成功を目指す人たちはゴールドコーストに目を向けています。ぜひあなたも、ゴールドコースト流・不動産投資で、本当の安心と堅実な資産を手に入れてください。ゴールドコースト流・不動産投資によって豊かなライフスタイルと幸福を手に入れる人が1人でも増えたとしたら、著者として望外の幸せです。

目次

第2章 世界屈指のリゾートで、高級ホテル、名門ゴルフ場、マリーナが全部自分のもの

第3章 人生を楽しむほど、お金が増える！

第4章 なぜ利回りを捨てると得をするのか？

第5章 いい物件選びは事前準備が9割

第1章

なぜ今、オーストラリアの不動産は世界から注目されているのか

10年後の世界を見たとき、軍配はオーストラリアに上がる

第1章では、主に不動産投資の観点から「なぜ今、オーストラリアの不動産は世界から注目されているのか」について見ていきましょう。まずは、不動産の投資適格性から考える、オーストラリアの現状についてです。

不動産投資とは、投資用の不動産を購入し、保有・運用・売却などの過程を経て、資産形成を図る手法です。そのため、あくまでも投資として考えると、投資対象となる不動産の価値が重要であるのは当然です。

不動産の価値、特に土地や建物の価格というのは、その国の経済事情や人口動態によって異なります。他の商品やサービスと同じように、不動産も需要が高まれば高まるほど価格が上昇していくのが基本となります。

つまり、需要を形成するベースが、その国の経済であり人口というわけです。経済が伸びていればいるほど不動産需要も高まりますし、人口が増加している国では不動

図表1－1　オーストラリアの実質GDP成長率

	2011/2012年度	2012/2013年度	2013/2014年度	2014/2015年度	2015/2016年度	2016/2017年度	2017/2018年度
実質GDP成長率	3.9%	2.6%	2.6%	2.4%	2.8%	2.0%	2.9%

※ オーストラリアの会計年度は7月1日から翌年6月30日

出典：オーストラリア統計局、外務省まとめ（2019年）

産を求める人が増えるという構図になります。

では、オーストラリアの経済および人口はどのようになっているのでしょうか。

経済では、非常に好調な時期が続いています。資源ブームに支えられたこともあり、年度ベースでは一貫してプラス成長を維持。特に**ここ数年では、2～3％の実質GDP（国内総生産）成長率を記録しています**。

図表1－1のデータよりさらに遡ってみても、2019年度末の段階で29年連続のプラス成長を記録しており、連続プラス成長はオランダを抜いて世界第1位となりました。このことからも、いかに内需が安定しているのかが分かるかと思います。

このような内需の伸びを支えているのが人口の増加です。オーストラリアの人口は約2567万人（2019年9月末

図表1-2　オーストラリアの年間人口合計数と要素別人口増加数

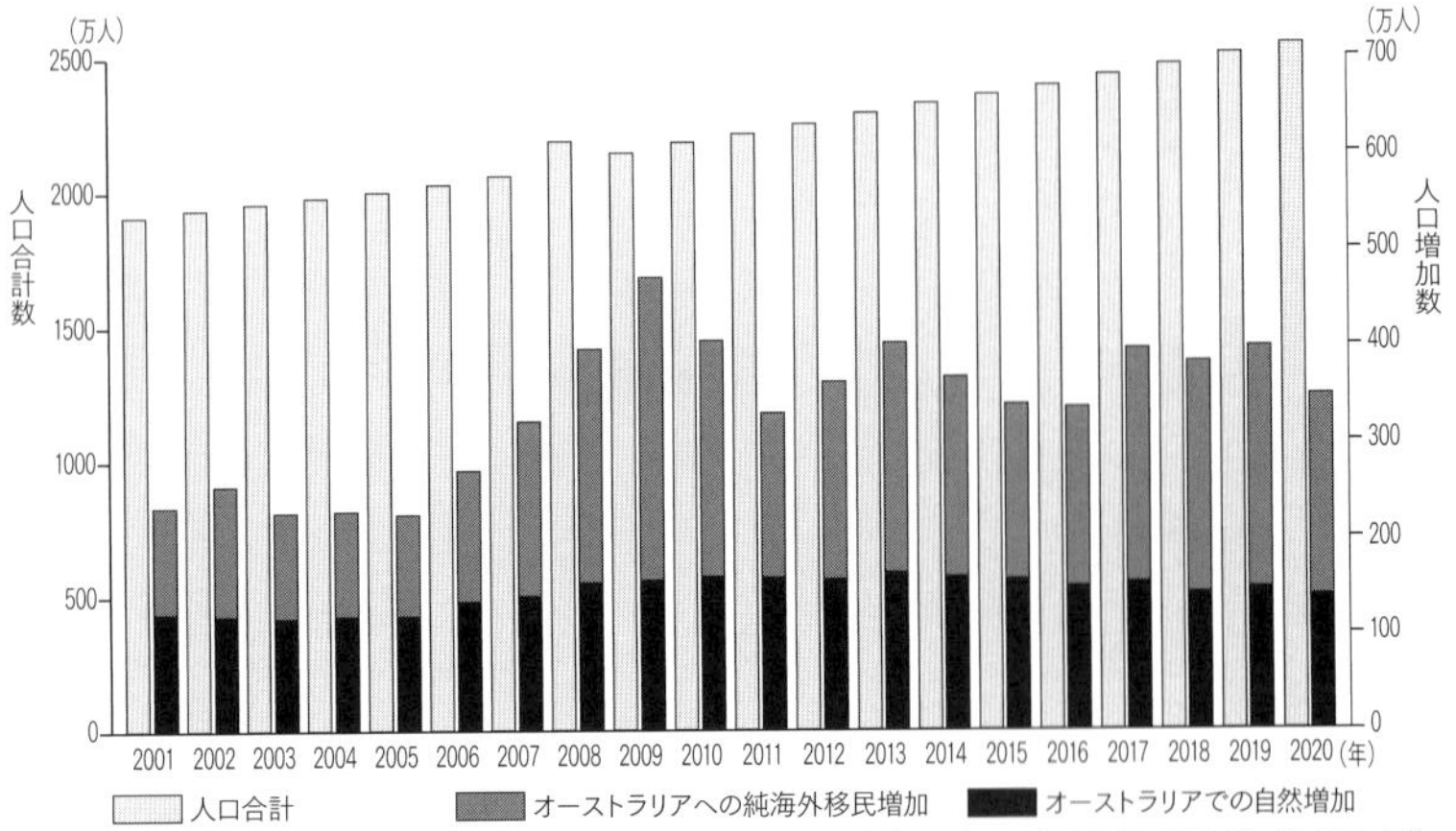

出典：オーストラリア統計局（2019年）

時点）ですが、**毎年約40万人、年平均1・5%の割合で増え続けています。自然増だけでなく、移住者数も多いのが特徴です。**

図表1-2からも分かるように、人口増加の内訳は自然増が4~5割、移住者が5~6割となっています。国としても、出産環境の整備に意欲的で、2002年当時の財務大臣ピーター・コステロは「1人はお父さんのため、1人はお母さんのため、1人は国のために」として出産を奨励しています。

加えて、有給の産休制度（12週間の期間で、産休補助金約100万円）もあり、52週間の無給休暇も取れます。職場復帰は法律で保証されており、子どもの数を増やすことに

図表1－3　年間の州間移住者数

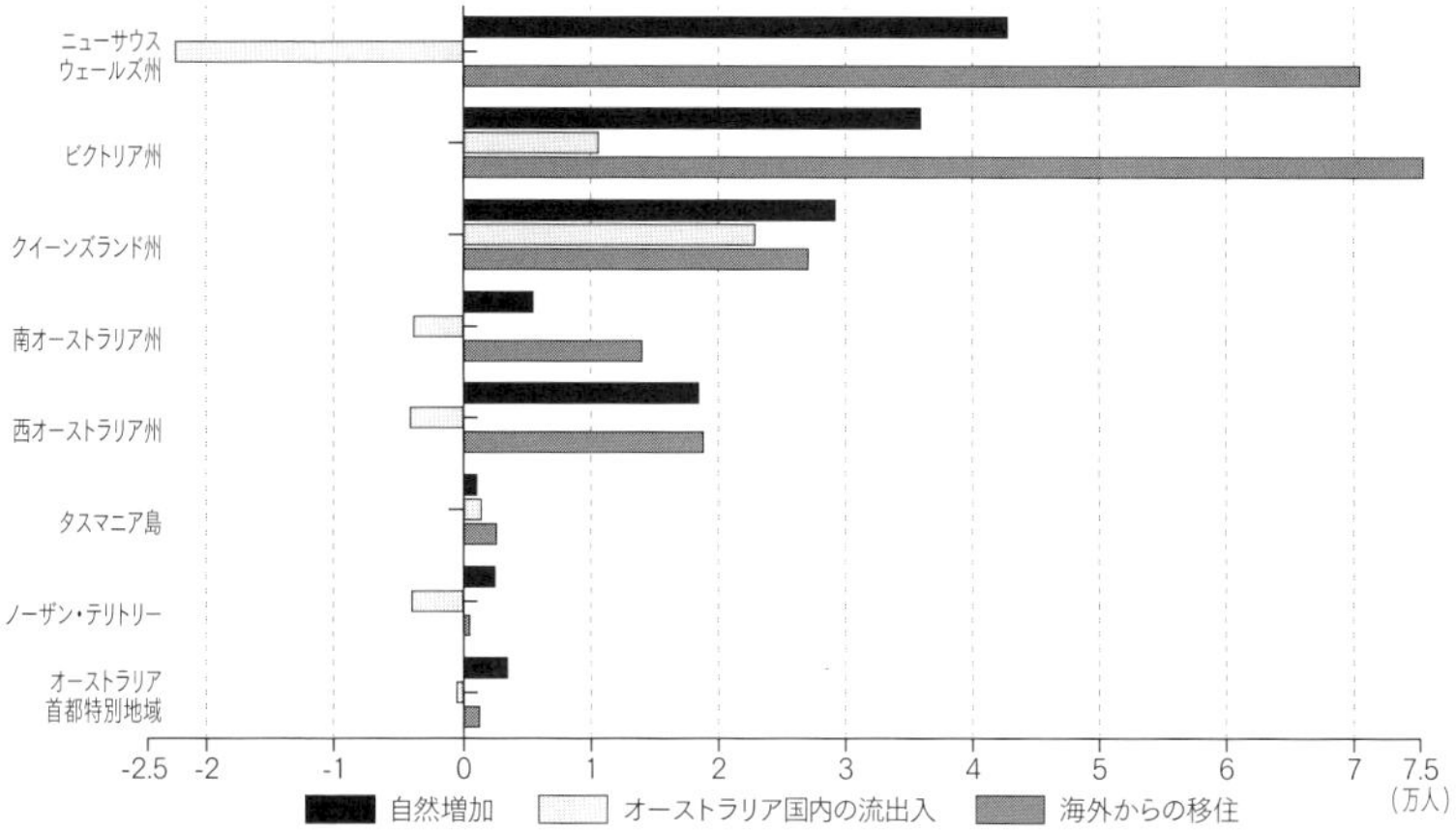

出典：オーストラリア統計局（2019年）

対して、国は財政面と環境面から積極的に取り組んでいます。

ちなみにオーストラリア国内における人口の流出入に関しては、ゴールドコーストがあるクイーンズランド州への移住増加が目立ちます。事実、2018年12月～2019年12月までの1年間に州をまたぐ移住者数は2万2300人と、国内でも最も多くなっています。

海外からの移住先としてはオーストラリア最大の経済都市であるシドニー（ニューサウスウェールズ州）やメルボルン（ビクトリア州）が多く、その後に、ゴールドコーストやブリスベンに移住する人が多いのです（図表1－3）。ブリスベンはゴールドコーストから車で約1時間ほどで行ける州最大の経済都市です。

賃金も経済成長に応じて安定して上昇しており、全オーストラリアの最低賃金（時給）は19・84豪ドル（約1488円＝20年8月時点）。そのことが内需の拡大を促し、不動産においては家賃・物件価格の上昇にも影響しています。

不動産投資においては、中長期的な視点で投資することが多く、10〜15年と、未来を見据えた投資判断が欠かせません。その点において、オーストラリアおよびゴールドコーストは、諸外国を上回る強みが目立ちます。

加えて、女性の社会進出を支え、安心して働ける環境の整備が進んでいることもその一環で、出産奨励やアリーラーニングなど、今後の経済成長を支える人口の伸びを補完する制度も整っています。ちなみにクイーンズランド州の州議会は23の閣僚のうち13人が女性ですし、州首相も女性です。

10年後の未来を考えたとき、少子高齢化、人口減少、多様性への対応力、経済の停滞と縮小が進む日本市場と比較しても、オーストラリアの不動産に投資するという選択は、さまざまな点で評価できるといえるのです。

豊富な天然資源と人口増加による堅調なオーストラリア経済

多くの方は、オーストラリアという国について、「コアラやカンガルーで有名」「自然が豊富」「日本の22倍もある広大な大陸」など、いくつかの事実をご存じでしょう。ただ、その詳しい内情については、あまり知られていないのではないでしょうか。

オーストラリアの特徴を表す言葉として「資源大国」というものがあります。かつては「羊の背に乗った幸運な国」といわれるほど農業国であったオーストラリアも、現在では豊富な地下資源をもとに、石炭や鉄鉱石の輸出が盛んに行われています。農産物の輸出も多く、食料自給率は133％にも上ります。図表1－4で、日本とオーストラリアを含めた諸外国の食料自給率を比較すれば、オーストラリアがいかに優れているか一目瞭然です。

近年では、ＬＮＧ（液化天然ガス）への投資も盛んに行われており、三井物産や三菱商事など、日本を代表する企業も投資しているのが特徴です。対豪投資という観点からも、日本とオーストラリアは密接な関係にあるといえます。

図表1－4　日本と世界の食料自給率

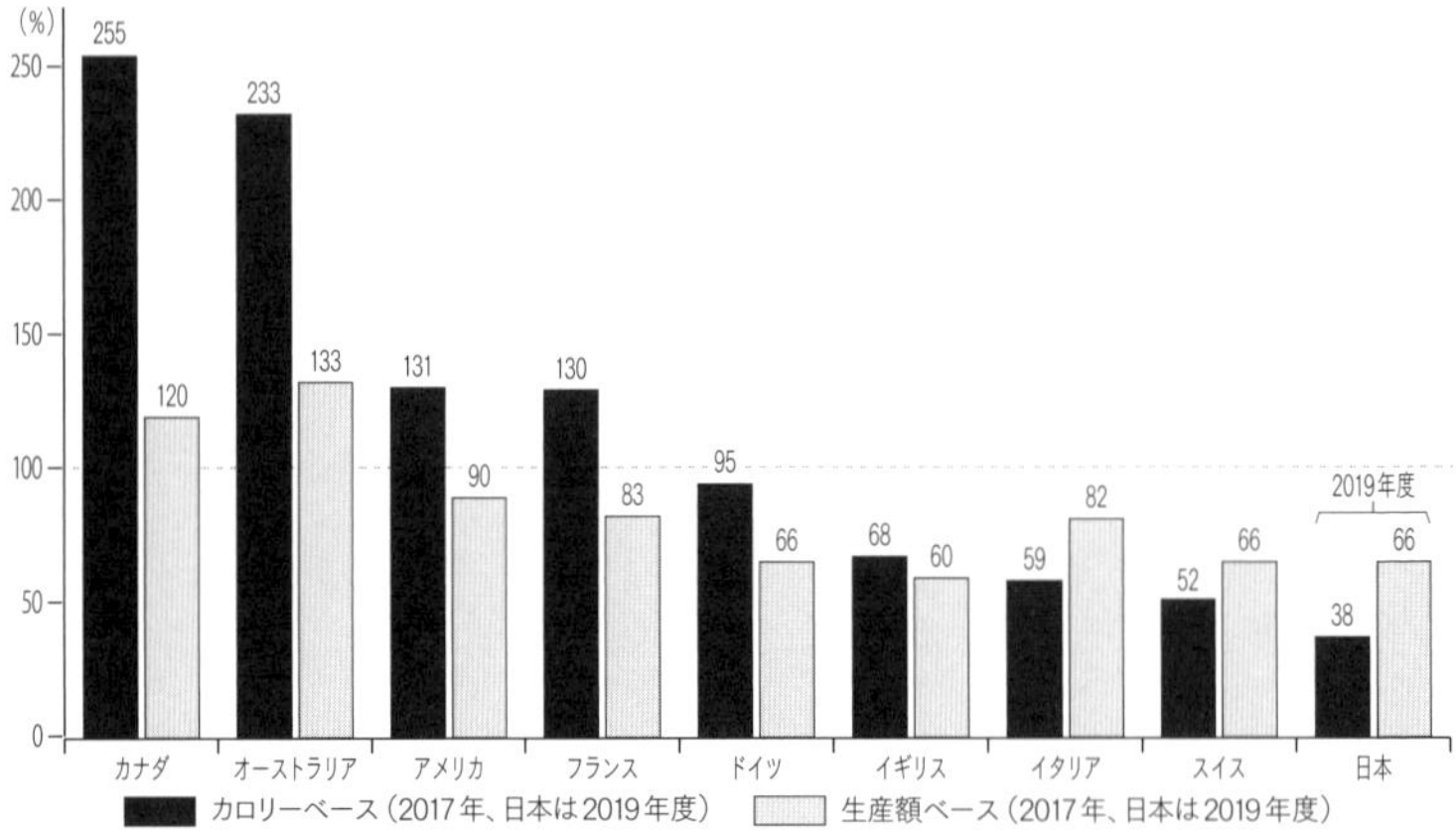

出典：農林水産省（2020年）

ただし、産業別の就労割合でいうと、必ずしも第1次産業や第2次産業が大きいわけではありません。他の先進国と同様に、経済の中心は第3次産業（約7割）へと移行しており、特にサービス業が非常に発展しています。

しかも、諸外国と比較して、内需の強さが際立っています。事実、私がオーストラリアに来た1980年代後半と比べて、人口は1000万人ほど増加しています。人口が増加すればするほど、市場も大きくなり、経済も伸びていきます。

そんなオーストラリアの市場に注目し、進出している日本企業もたくさんあります。不動産関連でいえば、積水ハウス、住友林業、NTT都市開発、ダイワハウス、ミサワホーム、トヨタホームなど、有名企業ばかりです。

これらの企業が進出しているという点を踏まえても、いかに市場が魅力的なのかお分かりいただけることと思います。一方で、少子高齢化に伴う日本の人口減少は、経済にも影響を与えており、不動産需要という観点からも厳しい状況が続くのは明白です。ちなみに日本企業の多くは日本のバブル期にも、オーストラリアに進出していた過去があります（6ページ参照）。

こうしたオーストラリアの経済状況と不動産投資を結び付けるとすれば、資産形成における〝分散〟という観点が挙げられます。投資の基本は、リスクを分散させること。「卵は一つのカゴに盛るな」という格言はそのことを見事に表現しています。その点において、日本だけでなく、海外に目を向けることが求められます。

特に不動産の投資先で考えてみると、経済や人口という視点において、オーストラリア、なかでもゴールドコーストはとてもオススメです。詳細はあらためてご紹介しますが、ゴールドコーストにおける不動産投資には、豊かなライフスタイルの実現が紐付いています。

つまり、**直接的な資産価値の向上という点だけでなく、より実りある人生を送るためのきっかけにもなるのが、ゴールドコーストの不動産投資**なのです。中長期的な視点で考えると、これらは投資適格性を大きく左右する重要なポイントとなります。

ちなみに、国際的な主要格付け会社3社、ムーディーズ、スタンダード&プアーズ(S&P)、フィッチレーティングスリミテッドによるオーストラリアの国債格付けはすべてAAAの最高格付けとなっています。これだけを見ても、オーストラリアが安全な投資先であることがご理解いただけると思います。

ゴールドコーストの不動産が人気の6つの理由

「まえがき」では、お金と時間から自由になる「ゴールドコースト流・幸せな不動産投資」について簡単に紹介しました。ここであらためて、ゴールドコーストの不動産が人気な理由について、6つのポイントとともに詳しく見ていきましょう。

①目的に合わせて運用できる

ゴールドコーストの不動産に投資し、所有することによって、自ら別荘として利用が可能です。利用していないときには宿泊施設として、あるいは人に貸し出すこともできます。そのように、目的に合わせて運用できるのが利点となります。

なかには、若いときは賃貸用として運用し、定年退職後など時間ができてから定期的にゴールドコーストを訪れる方もいます。そのような**ライフスタイルに応じた活用ができるのも、ゴールドコースト流・不動産投資ならでは**だと思います。

特に、日本のマンションとゴールドコーストのコンドミニアムを比較した場合、コンドミニアムの広さ、豪華さ、デザイン性の高さは際立っています。また、現地の気候や観光資源などを含めて、資産運用だけでない魅力が豊富に備わっています。

②空室率が低い

驚くべきことに、**オーストラリア全体の空室率はわずか1・8%**しかありません。これは、供給よりも需要の方が多いということを意味しています。事実、日本の人口が毎年約25万人ずつ減っているのに対し、オーストラリアは毎年約40万人増加しています。

不動産市場の拡大は、人口増加と連動しています。オーストラリア統計局は、2061年までに、さらに約1180万〜2330万人増える見通しと推計しています(日経新聞、2018年8月16日)。そのため、今後も空室率は低いまま推移すると予想されます。この点については、次項でも詳しく解説していきます。

③利回りと資産価値が同時にアップしている

オーストラリア不動産の実質利回りは平均3%ほどと、それほど高くはないのですが、不動産物件自体の資産価値は毎年3%ずつアップしています。つまり、**実質的には、毎年6%ほど資産が増えている**といえるのです。

このように不動産価格が安定して推移しているオーストラリアは、中長期的な資産形成をするための投資先として最適です。しかもこの資産価値の増大は、将来にわたって続くと予想されています。

④換金性が高く流動性がある

オーストラリアの空室率は1・8％という状況なので、不動産は、売りに出すとすぐ買い手がつきます（ただし、媒介契約、販促期間、交渉、代金受取りまで3カ月くらいはかかります）。お金が必要になったとき、すぐに売ることができるのは大きな強みとなるでしょう。

また、日本人は一生に1回しか家を買いませんが、**オーストラリアでは家の資産価値が着実に上がるので、多くの人が損することなく何度も買い替えます**。最初は小さなコンドミニアムから始め、ライフスタイルに応じてどんどん家を大きくしていくのです。

住宅の平均購買回数は、何と6回！　一生のうちに6回も家を買い替えて、買い替えるたびに資産を増やしています。この点についても、後ほど詳しく紹介します。

⑤自然災害がほとんどない

ゴールドコーストは1年中温暖で、気候の変化がそれほどありません。日本とは季節が真逆なので、日本の夏はゴールドコーストの冬なのですが、冬でも朝夕は10度前後の気温ですが日中は23度くらいあります。つまり、とても過ごしやすいのです。

また、**台風や津波などの自然災害もありません。地盤が安定しているので地震がなく、液状化現象のように、不動産の価値を毀損《きそん》することもありません。**日本のように異常気象による大雨や洪水、土砂崩れなどの心配も不要です。

特にゴールドコーストは、オーストラリアの中でも最も自然災害とは無縁のリゾート地といえます。その点、リスクヘッジ可能となります。

⑥世界有数のリゾート地である

ゴールドコーストには、名門ゴルフ場、有名ホテル、有名マリーナが多数点在し、世界中の富裕層が季節ごとにやってきます。また、一流人に対するマナーにも定評があり、誰もがフレンドリーなサービスに満足します。

不動産は複数の付加価値が積み重なって、その資産価値は2倍にも3倍にも高まっていきます。だからこそ、リゾート地であればなお、現地の対応力が重要となるのです。その点、ゴールドコーストは申し分ありません。

このようにオーストラリアの不動産物件には、さまざまな利点があります。そのため、不動産市況は今後も堅調に推移していくと予想されます。

ちなみに私は若い頃、ゴールドコーストで旅行ガイドのアルバイトをしていましたが、観光にやってきた日本人のうち、ほぼ全員がゴールドコーストの魅力にひかれ、「また来たい」と言って日本に帰っていきました。

この1つひとつの魅力について、さらに詳しく紹介していきましょう。

オーストラリアの空室率は驚異の1.8%

6つのポイントでも触れていますが、不動産投資先としてオーストラリアを見るときに重要なのは、「空室率」という指標です。**空室率とは、賃貸に出している物件が空室になる割合を表すものです。**

この空室率は、不動産投資において非常に重要です。なぜなら、不動産投資の収益源である家賃収入は、入居者を安定的に獲得できて初めて得られるためです。入居者がいなければ、いくら賃貸に出しても収益は得られません。

その点において、オーストラリアは望ましい条件を備えています。なかでもゴールドコーストは、2018年6月には空室率2％という国内でも最低レベルを記録し、オーストラリアの平均2・5％（REIA：The Real Estate Institute of Australia より）を大きく下回っています。

また、**人口が増加しているにもかかわらず、新規住宅の供給が限られていることもあり、特に2012年以降、空室率は市場平均を下回る傾向が続いています。**2019年3月四半期の空室率は1・8％となり、国内最低水準です（REIQ：Real Estate Institute of Queensland より）。

一方、日本の不動産は、「平成30年度住宅・土地統計調査」（総務省統計局）をもとに株式会社タスが発表している「タス空室インデックス（空室率TVI）」が試算したところによると、東京23区の賃貸住宅でも10％半ば、神奈川、千葉、埼玉を含む一都三県では20％前後となっています。加えて、相続税対策と銘打った賃貸住宅が需給関係をそっちのけに増え続けています。これではますます空室率は高くなるのではないでしょうか。

この数値からも、オーストラリア、特にゴールドコーストは、不動産投資先として適しているのが分かります。その背景にあるのは、前述した経済成長や人口の伸びであり、今後も似たような状況が続いていくと考えられます。

日本では、公団などをはじめ、国が住宅を供給することもあります。一方、オーストラリアでは、国が住宅を供給するということはなく、基本的にすべて民間企業に任されているのです。そのため、住宅の供給数にも限度があります。

人口増加にもかかわらず、住宅の供給数が限られていると、需要は当然逼迫《ひっぱく》します。その結果、空室率が低水準で推移し、かつ家賃も高くなる傾向が続くというわけです。その分、不動産投資家にとっては好条件なのです。

ちなみに、国が過剰に干渉するのではなく、市場原理のもと、民間主導で経済を回していくという発想は、税金使途について国民の目が厳しいといわれるオーストラリアの特徴です。そのようなところに税金を投入するのではなく、あくまでも民間で回していくという考え方が基軸となっているのです。

もちろん、オーストラリアにおいても、住宅の供給戸数がどのような推移をたどっているのかは注目されています。それが経済成長の指標であることも確かです。しかし、国が税金を投入しないというのが、日本との違いでしょう。

戦略的にどちらが優れているのかはともかく、不動産投資、特に**空室率という観点から見ると、民間主導のオーストラリア市場が有望なのは明白です。悪くても5%。日本のような10~20%台の空室率は皆無です。**

今後の経済状況や人口動態を踏まえても、不動産需要は堅調に推移していくと予想されます。資産運用としての不動産投資の安定性について考えるとき、これだけ空室率が低水準であることは、投資判断の上でも重要な指標となるのではないでしょうか。不動産市場にはサイクルがあり、良い時も悪い時もありますが、いずれにしても賃貸需要が旺盛であることは大きなメリットといえます。

余談ですが、先ほど、オーストラリアは税金使途について国民の目が厳しいと言いましたが、オーストラリアでは選挙は国民の義務で、投票しないと罰金を課せられるという仕組みになっています。直近の国政選挙投票率が約92%で、現職の首相が落選するということもありました。いかに政府が国民に対して政治に責任を担ってほしいと考えているか、また国民が時の政策に対して関心を持っているか、ご理解いただけると思います。

オーストラリア人は一生の間に6回家を買う

オーストラリア人特有の傾向について、さらに掘り下げてみましょう。

不動産取引にまつわる慣習という面では、**オーストラリアの人は、一生のうちに平均6回ほど家を購入する傾向**があります。その点、不動産を貸したり売ったりする側にとって、取引のチャンスが多くなることを意味します。

日本の場合、住宅は〝一生に一度の買い物〟と表現されることが多いかと思います。住宅ローンの組み方を見ても明らかなように、支払いが終わるのは定年退職前後であり、その後は購入した住まいに住み続けるのが一般的です。

特に定年退職後にローン返済時期が設定されているというのは、退職金を返済にあてることを想定しているためです。しかも、バブル期のように物件価値が高まるということも皆無であるため、結果的に一生に一度の買い物となっているのです。

オーストラリアの人は、ライフステージに合わせて4~6回ほど住宅を購入する傾向があります。具体的には「結婚したとき」「子どもが生まれたとき」「子どもが大きくなったとき」「子どもが独立したとき」「リタイア後」などのタイミングです。

このようなライフステージの変化は日本人にもあるのですが、オーストラリア人の場合、そこに住宅の購入が伴っているという点で違いがあります。**資産価値が上昇しやすい、売却と購入を繰り返しながらライフステージを経ていく**のも、オーストラリア人の特徴です。

このような慣習の根本的な違いには、「農耕民族」と「狩猟民族」の相違があるのかもしれません。定住する農耕民族タイプの日本人に対し、移動しながら狩りをする狩猟民族タイプのオーストラリア人は、住宅や住む場所も柔軟に変えているのです。

もちろん、日本人の中にも、ライフステージに応じて住まいや住む場所を変えている人がいます。しかしその多くは、物件を購入するのではなく、賃貸住宅に住んでいるのではないでしょうか。そうなると、不動産による資産形成にはつながりません。

たとえ物件を購入できたとしても、不動産の価値が高まらず、売却できるのはローン返済が終了したとき。その段階では価値も下がってしまっているため、結果的に定住し続けるのが一般化しているという向きもあるでしょう。

さらに、不動産購入における日本人とオーストラリア人の違いといえば、オーストラリア人はよく「グッド・インベストメント」という言葉を使います。自分が住む家、つまり住居を購入したときでも「グッド・インベストメント」というのです。

つまり、一般的な住宅の購入時においても「投資として優れているかどうか？」という視点が意識されているということです。このような視点は、日本の不動産取引にはあまりないかと思います。そこに、商慣習の違いが表れているといえそうです。

オーストラリアの不動産取引に関して補足しておくと、〝不動産情報の透明度〟という観点でも優れています。

2018年版の「グローバル不動産透明度インデックス（JLL社）」によると、世界100カ国158都市のうち、オーストラリアは2位にランクしています。一方で日本は14位と、透明度の点でかなり劣っているのが分かります。

不動産取引に関する透明度は、買い手と売り手の双方に影響を及ぼします。情報が適切に提供されているオーストラリアは、人々が気兼ねなく不動産を売買できる状況が構築されています。この点も、不動産取引を後押ししています。

2000万円あれば、1億円の家が建てられる

物件価格の相場については次章以降でも触れていますが、ここでは、一つの目安である「2000万円」について解説していきましょう。**ゴールドコーストでは、2000万円あれば、日本における1億円レベルの物件を建てることが可能**なのです。

ゴールドコーストのハウスメーカーで紹介されている物件を見てみると、1階建ての戸建て物件で3ベッドルーム（主寝室には専用のトイレとシャワー付き）、リビング、キッチン、ダイニング、テラス、そして駐車場付きを約15万豪ドル（1ドル75円で換算すると約1125万円）で建てることができます。ここに、土地の価格が加わります。平米数でいうと150平方メートルほどとなり、日本ではかなり大きい部類に入る

かと思います。このような物件が、上モノだけで15万豪ドルで建てることができるのです。相場観の違いがイメージできるでしょうか。

これだけの物件が1000万円台レベルから建てられることを考えれば、2000万円ほど支出することによって、日本でいうところのまさに1億円レベルの物件が建てられるというのも理解していただけるかと思います。

その事例として、車が2台停められるダブルガレージ付きのタイプで、リビング、キッチン、ダイニング、テラスがあることに加え、シアタールームや複数の子ども部屋が付いた2階建ての物件が24万豪ドル（約1800万円）ほどで建てられるのです。しかも、オーストラリアでは不動産価値が下がるのではなく、むしろ高まっていくため「安く買い、資産価値を高めて売却する」ことも可能となるのです。

不動産の価値が高まる理由として、まず住宅不足があります。例えばゴールドコーストは人口増が毎年2％ほど（人数にすると1万2000人ほど）増えています。その増加に対して必要な住宅供給数は約5000戸と推測できますが、実際の住宅開発許可数は過去5年の推移でみると3000〜3500戸程度となり、住宅が慢性的に不足していることが読み取れます。実際のところ賃貸住宅の内覧時には常時5組ほどが訪れ、早い者勝ちで入居が決まっていきます。

それから、もう一つ大切なことは、国策としてインフレ目標を持っているということです。豪州政府はその目標を2〜3%としていますが、日本と異なり、過去30年にわたりほぼ確実に達成していることから、物価、つまり不動産の価格も含めた物価が上昇しているのです。1980年代は急激なインフレがありましたが、ここ30年ほどは健全な物価上昇が実現できています。

一方、日本では、課せられる固定資産税が目減りしていくことからも明らかなように、建物の資産価値もまた低下していきます。よほど好立地の物件でない限り、資産価値を高めて売却するということは難しいのが実情です。

そう考えると、特に〝投資〟という観点から、オーストラリア、中でもゴールドコーストの利点がイメージしやすいのではないでしょうか。オーストラリア人にとって、建物の価値が低下していき、最終的には評価ゼロという概念は、おそらく理解できないはずです。

現地を見ていただければより分かりやすいのですが、オーストラリアでは土地を買って建物を建てるという買い方が一般的です。日本のように、空いている土地に建物を建てて販売する「建売住宅」は、主流ではありません（例外の「プチ開発」は第5章で紹介します）。

オーストラリアはもともと土地がきちんと整地されており、変形地が少なく、一定規模の面積に任意の建物を建てるというかたちです。その点、建てたい建物のイメージもしやすいですし、土地の面積にぴったり当てはまるような家を建築することができるのです。

不動産業者が持ってくるパンフレットを見ながら、その土地にどんな建物を建てようかと考えること自体、不動産購入の楽しみの一つとなります。そうした過程を経て、望みどおりの不動産を購入するのが、オーストラリアでは一般的なのです。

投資対象として考えると、一戸建てよりコンドミニアムの方が人気はあるものの、4000万円規模から土地付きの戸建てを購入できると考えれば、検討する価値は十分にあるのではないでしょうか。もちろん、建てた家を賃貸に出すことも可能です。

参考までに、コンドミニアムで代表的なものを2つほど紹介しておきましょう。「物件概要」「不動産購入及び経費」「予想賃貸収支」などの情報をもとに、具体的なイメージを固めてみてください。

例① 38万豪ドル（約2850万円）のコンドミニアム

■物件概要

項　目	備　考
プロジェクト名	The Sumitt Apartment（サミット・アパートメント） https://www.summitlabrador.com.au/
総階数・総戸数	9階・83戸
部屋タイプ	4階　1LDK（1ベッドルーム＋1バスルーム＋1書斎）
専有面積	74㎡
築年数	2020年6月完成予定（新築）
付帯施設	屋外プール、BBQ設備
所有形態	完全区分所有権
空き室時賃貸可否	長期賃貸（3か月以上）で運用可能
不動産に対する実質利回り	2.96%
投資額に対する実質利回り	2.62%

■不動産購入及び経費（概算）

項　目		金　額
不動産	不動産価格	A$380,000
	駐車場価格	A$0
	収納庫	A$0
	合計金額	**A$380,000**
取得諸経費	取得印紙税	A$11,725
	外国人取得印紙税	A$26,600
	登記費用	A$935
	外国人取得申請費	A$5,700
	建物完成時調査費用	A$500
	弁護士費用	A$3,850
	合計金額	**A$49,310**
不動産代金＋取得経費（為替レート：A$1 ＝ ¥75.00）		**A$429,310**
日本円換算額		**¥32,198,250**

■予想賃貸収支

			初年度
設定家賃（週）			A$420
収入（年間）	家賃収入	100%	A$21,840
	空室率	2%	-$437
	合計額		**A$21,403**
経費（年間）	共益管理費		A$3,120
	市税		A$2,880
	保険		A$500
	土地税		A$0
	賃貸仲介手数料		A$462
	賃貸管理費		A$1,883
	その他 / 準備金		A$1,320
	合計額		**A$10,165**
賃貸純利益（為替レート：A$1 ＝ ¥75.00）			**A$11,238**
日本円換算額			**¥842,829**

※上記は参考例です。

例② 55万豪ドル（約4125万円）のコンドミニアム

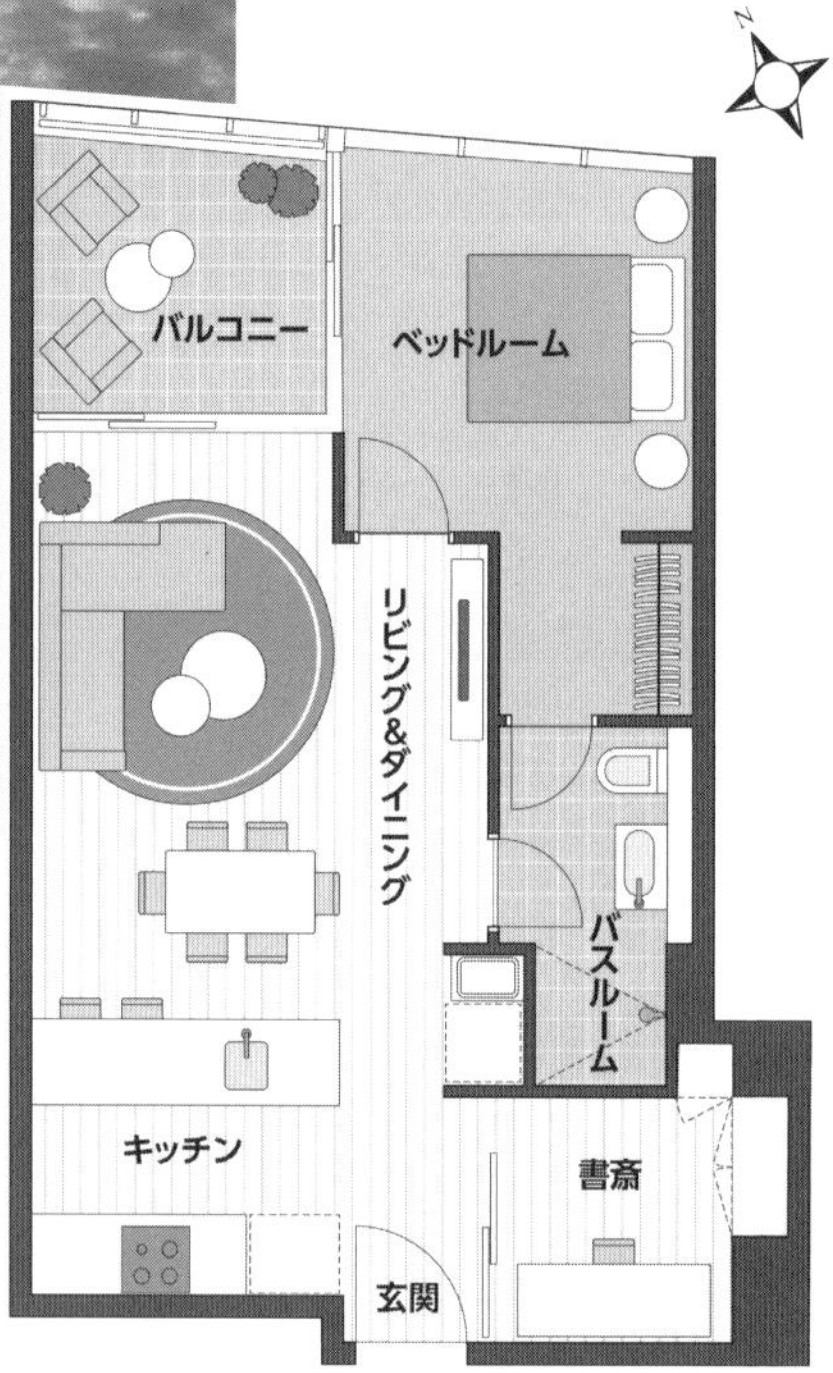

■物件概要

項　目	備　考
プロジェクト名	The Star Residence Epsilon（ザ・スターレジデンス・エプシロン） https://thestarresidences.com.au/
総階数・総戸数	63 階・457 戸
部屋タイプ	26 階　1LDK（1 ベッドルーム＋1 バスルーム＋1 書斎）
専有面積	60㎡
築年数	2023 年完成予定（プレビルド）
付帯施設	屋外プール、BBQ 設備、レジデンシャルラウンジ、ジム、サウナ
所有形態	完全区分所有権
空き室時賃貸可否	観光客向けホテル運用、または長期賃貸で運用可能
不動産に対する実質利回り	3.60%
投資額に対する実質利回り	3.23%

■不動産購入及び経費（概算）

	項　目	金　額
不動産	不動産価格	A$548,000
	ホテル運用用家財一式	A$17,710
	収納庫	A$0
	合計金額	**A$565,710**
取得諸経費	取得印紙税	A$18,486
	外国人取得印紙税	A$39,600
	登記費用	A$1,564
	外国人取得申請費	A$0
	建物完成時調査費用	A$500
	弁護士費用	A$3,850
	合計金額	**A$64,000**
不動産代金＋取得経費（為替レート：A$1 ＝ ¥75.00）		**A$629,710**
日本円換算額		**¥47,228,228**

■予想賃貸収支

		通常稼働時
収入（年間）	平均一泊宿泊料金	A$323 – A$563
	平均稼働率	70%
	収入合計額	**A$86,550**
経費（年間）	宣伝広告費	A$12,117
	運営管理手数料	A$34,984
	共益管理費	A$4,050
	光熱費	A$2,200
	市税	A$4,000
	家財保険	A$500
	連邦税	A$5,700
	その他 / 準備金	A$2,640
	合計額	**A$66,191**
賃貸純利益（為替レート：A$1 ＝ ¥75.00）		**A$20,359**
日本円換算額		**¥1,526,925**

※上記は参考例です。

日本企業の再進出とゴールドコーストのポテンシャル

オーストラリアでは、バブル期に進出した日本企業の名残が各所に見られます。当時、成長がうなぎ上りの日本経済を背景に、日系企業は潤沢な資金を有してオーストラリアに進出しました。オーストラリア政府の資料によると、1988年度のみで日本企業がオーストラリアの不動産に投資した金額は約6000億円。そのうち約3000億円が観光関連インフラ不動産として、クイーンズランド州に投資されています。そのほとんどの金額がゴールドコーストのホテル、ゴルフ場、マリーナの開発に費やされたことは言うまでもありません。この短期間で巨額の投資がなされ、ゴールドコーストは世界有数のリゾート地として一変したのです。この時期、すでに不動産業界にいた私は、忙殺される毎日であったことを今でも覚えています。

残念ながらゴールドコーストの将来性を見越して進出した日本企業も、バブルがはじけたことによって撤退を余儀なくされ、インフラのみが残ったということはすでに紹介したとおりです。

その後もオーストラリア経済は順調に成長を続け、日本の大手企業はこの有望な市場に改めて着目。不動産関連企業だけではなく、さまざまな分野の事業者が再進出してきています。したがって、日本企業とオーストラリアの関係は今後さらに深まっていくでしょう。

また、オーストラリアは教育水準が高いことから、子どもを留学させるために移住するケースも増えています。多種多様な文化を体感し、かつ英語が学べるということで、教育内容や環境を求めて訪れる方も多いのです。

設備や治安の面でも安心して学べる環境が備わっていますので、子育てや留学にはとてもいいところだと思います。経済的な面だけでなく、住環境や教育という側面から、今後はさらにオーストラリアという国そのものがより注目されるでしょう。

事実、ゴールドコースト在住の日本人は1万人ほどおり、日本人会や商工会、日本人医者・日本人通訳による医療機関なども整っています。

別の視点で考えると、ゴールドコーストはクイーンズランド州最大の経済都市ブリスベンへのアクセスという点でも優れています。ゴールドコーストとブリスベンを結ぶ高速道路が完成したために、わずか1時間ほどで行き来することができるようになったのです。

ゴールドコーストそのものは、あくまでもリゾート地として人気の場所なので、経済都市であるブリスベンへのアクセスが良くなったことは、街としての価値がより高まったといえます。その点は、ビジネスマンにも喜ばれています。

もちろん、電車で往来することも可能です。車でも電車でもブリスベンにアクセスできることが、ゴールドコーストそのものの可能性も広げてくれています。これから先、アクセスのしやすさによる相乗効果がさらにさまざまなところで生じてくるでしょう。ちなみに、ブリスベンには在ブリスベン日本国総領事館もあります。

オーストラリア人の国民性から考えても、仕事の場と遊びの場をきちんと分けることによってメリハリをつけられるライフスタイルは理想的です。ブリスベンとゴールドコーストの関係性は、まさにそのモデルなのです。

つまり、**仕事はブリスベンで行い、アフターはゴールドコーストで優雅に過ごす**。そのような生活が実現するのも、ゴールドコーストで不動産を購入することがきっかけになるかもしれません。いずれにしても、両都市の相互補完的な関係性は利点となるでしょう。

すでに、ゴールドコーストとブリスベンを結ぶ地域は人気のあるエリアとなっており、2014年7月の路面電車開通を受けて、これらの地域は盤石となりました。病院、ショッピングセンター、公園、大学などを結ぶ路面電車は、界隈《かいわい》の利便性を高めています。

日本と同様に、オーストラリアでも高齢化が進んでおり、老後は環境の良いゴールドコーストで暮らしたいという方もたくさんいます。そのような方々の移動を支えるという意味においても、インフラの整備と拡充はプラスに働いています。

このように、ゴールドコーストは、さまざまな点において高いポテンシャルを秘めている街です。過去に先見の明を持って日本企業がゴールドコーストに投資したように、今後も不動産投資先として考えても、非常に有望であることがお分かりいただけることでしょう。

ハワイとゴールドコーストの不動産徹底比較

本章の最後に、オーストラリアと比較されやすいハワイとの違いについても触れておきましょう。日本人にもなじみ深いハワイは、海外不動産投資先としてよく候補に挙げられています。ただ、その実情については、あまり知られていないようです。

私自身、ゴールドコーストの不動産投資について紹介すると、「ハワイとゴールドコースト、どちらが儲かりますか？」とよく聞かれます。そのような質問には「短期的にはハワイかもしれませんが、中長期的にはゴールドコーストが良いでしょう」と答えています。

つまり、目先の利益を求めるのなら期待値を含めてハワイを検討してもいいのですが、**「将来の安心を買いたい」「ハワイではなくともクオリティーの高いリゾート環境が欲しい」のなら、やはりゴールドコーストを強くオススメする**ということです。その背景には、リゾートの特徴、経済事情、人口、観光客の構成、不動産価格などがあります。

図表1－5　ハワイとゴールドコーストの違い（2019年現在）

	ハワイ	ゴールドコースト
人　口	約142万人	約62万人
面　積	約1万6634㎢	約1334㎢
1人当たりのGDP	約679万円	約532万円
観光客数（年間）	約1000万人	約1420万人

出典：オーストラリア統計局、ゴールドコースト市役所、ハワイ州データブック、他

しかもゴールドコーストの不動産は、安定性や資産性の面でも、今後ハワイより優位になる可能性があります。その根拠として、ハワイ（ハワイ州全体）とゴールドコーストの特徴について把握しておきましょう。

図表1－5を見ていただくと、ハワイが一見さまざまな点で勝っていると見受けられますが、ゴールドコーストにもハワイにはない優位な点がいくつかあります。

1つは、ゴールドコーストはハワイのように島々から構成されているのではなく、オーストラリア大陸の東海岸に面する一部であること。主要経済三大都市のシドニー、メルボルン、ブリスベンと陸続きで車で自由に行き来できます（ゴールドコーストとブリスベン間は車で1時間）。飛行機での移動時間も極めて短く（ゴールドコーストとシドニー間は飛行機で1時間。対して、ホノルルから米国大陸のサンフランシスコは5時間）、人の移動が容易で地の

利が抜群に良いということです。

ちなみに、何らかの理由で空路が断たれたとしても、陸地にあるゴールドコーストが孤立することはまずありません。もともと車社会ですし、車で自由に行き来できます。ある意味リスクオフが利くということです。

もう一つは、ゴールドコーストにはゴルフ、クルーズ、カジノ、マリンスポーツなど大人が楽しめるレジャーに加え、家族で楽しめるテーマパークが4カ所もあることです。自然をそのまま生かした無数の浅瀬のビーチ、コアラやカンガルーがいる動物園と自然公園、そして世界遺産の太古の森の散策など。まさにリゾートを楽しむための遊びやレジャー施設が車で30分圏内に集中しています。その日の思い付きでスケジュールが簡単に立てられるほどコンパクトです。


このようにリゾート要素がすべて1カ所にまとまっているところは、オーストラリア全土、どこを探してもありません。まさにオンリーワンの魅力があり、規模や質においてオーストラリア唯一の最大リゾート地なのです。

当然、オーストラリア人の間でゴールドコーストは圧倒的に人気があり、国内観光客、日本を含む外国人の観光客も増加。おかげで、経済活動も上昇傾向です。

肝心な観光客数の構成にも注目してみましょう。ハワイを訪れる観光客が年間で約1000万人のうち、外国人の割合は約30％です。その中で日本人の観光客は約154万人で全体の約15％以上を占めます。簡単にいうと100人の観光客のうち15人は日本人の観光客ということになります。

一方でゴールドコーストを訪れる観光客、年間約1420万人のうち外国人の割合は7・7％です。この数字から、ゴールドコーストの市場はオーストラリア人の内需主導で発展しているということがはっきりと読み取れます。市場があまり偏っておらず、しかも外国人観光客を誘致する面においても伸び代があります。

余談ですが、現在ゴールドコーストに来る日本人の観光客は年間でたった7万人ほどです。「周りが日本人だらけのハワイはイマイチ」という方の間ではとても人気があります。日本との時差も1時間しかないので、ほぼ日本にいるときと同じような感覚で過ごせることもメリットかと思います。

ここまでをまとめると、ゴールドコーストはオーストラリア全体の経済と同様、いまだ途上にあるものの、人口増加や経済成長に伴う力強い内需で発展してきていることと、海外観光客をもっと取り込める伸び代があること、今後もオーストラリアにおいてオンリーワンの最大リゾート地であり続けるのは既定路線であることから、将来に向けてますます成長することがはっきりと見えています。

不動産の面における優位性としては、まずハワイと比較してエントリーレベルが低いという点が挙げられます。ハワイでは築50年もの老朽化した物件がオーシャンビューという理由だけで1億円以上もの高値で取引されていますが、ゴールドコーストは目の前に広がる海を独り占めできる広い部屋が4000万円ほどでも買えます。しかもすべて新築です。一戸建てが2000万円規模から建てられるというのはすでに紹介したとおりですが、ハワイの物件と比較した場合、コンドミニアムの価格差はぜひ押さえておきたいところです。

物件の種類や眺望の多様さも比較対象になるでしょう。詳しくは後述しますが、ビーチフロント、オーシャンビュー、ブロードウォーター（入り江）、ウォーターフロント、ゴルフフロントなど、ご自身の描くライフスタイルによって物件が選べます。50階建てや80階建ての超高層コンドミニアムもあり、高層階から眺めるさまざまな色を織り成す景色はまさに絶景です。

さらに、ハワイではコンドミニアムの維持にかかる管理共益費や税金が高額のように思います。物件情報を見ると、優にゴールドコーストの2倍はかかるようです。おそらく経費が収入を上回るという逆ザヤの物件も多くあるのではないかと思います。このあたりも比較検討の対象になるのではないでしょうか。

為替メリットも、比較する際の大切な要素です。例えば、ハワイで100万米ドルとゴールドコーストで100万豪ドルの物件を比較した場合、日本円の支払いにおいてはゴールドコーストの物件が3000万〜3500万円ほど安くなることもあります。

数字以外の点で大事なのは、**経済的に成熟しきったハワイと、これから経済発展する伸び代が無限にあるオーストラリアの違い**です。マーケティングの観点からいうと、**すでに成熟市場でプロでも儲けるのが難しいハワイの不動産と、ほぼすべての不動産の値上がりが期待でき、誰でも確実に利益を得られるオーストラリアの不動産**という立ち位置です。

大事なことをもう1つ。「誰が不動産物件を買っているか？」も注目してください。

最近、ハワイでは日本の過剰な量的金融緩和を背景にした日本人による投機的な不動産投資に加え、加速度償却を用いた節税と銘打った不動産の購入が急激に増えて、不動産価格がとてつもなく高くなり、バブルが弾けるのは時間の問題ということをよく聞きます。一時、シドニーにおいてもチャイナマネーが大量に入り込み、実態に見合わない価格の上昇があり、その後バブルが弾けて価格が大幅に下落したことは記憶に新しいところです。

今後、価格の面でバブル崩壊の危惧が高まっているハワイ。投機対象となるリスクが少なく、経済の成長とともに健全に収益をもたらし、かつ値上がりするゴールドコースト。あなたはどちらを選びますか？

もちろん、最終的な投資先や投資目的を決めるのは不動産投資家それぞれの好みや判断によります。ハワイの素晴らしさや経済規模などについては私も感心する点が多くありますが、不動産の安定性や資産性、価格の上昇率などを形成する大切な要素についてはゴールドコーストにも多くの優位点が見てとれますし、いまだ発展の途上であるゴールドコーストのポテンシャルは決して無視はできないと思います。

第2章

世界屈指のリゾートで、高級ホテル、名門ゴルフ場、マリーナが全部自分のもの

安定的な資産を持つことでオーストラリアを楽しめる

第2章では、世界屈指のリゾート地であるゴールドコーストの特徴について、アクティビティーをはじめとする魅力の数々を紹介していきます。まずは、ゴールドコーストの基本情報について、あらためておさらいしておきましょう。

図表2－1の地図を見てください。ゴールドコーストがあるクイーンズランド州は、6つある州のうち2番目の大きさですが、日本の約5倍の面積があり、雄大な自然と大地が大きな魅力です。

ちなみに、オーストラリアで最も大きい都市はシドニーです。2000年にはシドニーオリンピックも開催されたので、ご存じの方も多いかと思います。南半球を代表する金融センターとしても広く知られています。

2番目に大きな都市はメルボルンです。ビクトリア州に所属し、オーストラリア大陸の南東部にあります。シドニーと比較した場合、派手さには欠けるかもしれませんが、オーストラリアの元首都であったこともあり、歴史的な建物や文化が残っており、

図表２－１　オーストラリアとクイーンズランド州

それらを求めて訪れる人も少なくありません。人口の増加も著しく、いずれはシドニーを抜くと予想されています。

そして、３番目に大きい都市がブリスベンです。ブリスベンとゴールドコーストが立地的に移動しやすいということはすでに紹介したとおりですが、そのため、ゴールドコーストの人気が高まっている側面もあるでしょう。ポイントは気候にあります。

シドニーやメルボルンは大都市なので、経済活動の点では優れている反面、冬が寒いというマイナス面があります。その点、ゴールドコーストは年間を通して穏やかな気候を維持しているため、それに憧れて移住してくるオーストラリア人がたくさんいます。

クイーンズランド州の特徴として、ブリスベン、ケアンズ、そしてゴールドコーストにそれぞれ国際空港があることも見逃せません。広いオーストラリアですが、飛行機を使えば移動もスムーズです。

経済、気候、移動、そして豊富な自然とアクティビティーというさまざまな利点が備わったゴールドコーストは、不動産価値も安定しています。

バブル期の日本企業は、そのようなゴールドコーストの可能性をいち早く見抜いていたのかもしれません。当時、２００社ほどの日系企業がゴールドコーストに進出し、観光インフラを次々に手掛けていき、ゴールドコーストを発展させました。

巨額の資金を短期間に一気に投入し、ホテル、ゴルフ場、マリーナなど、その多くを日系企業が作ったのです。このインフラ整備に投資した結果、開発時において、そして現在も大きな雇用が創出されており、その貢献度は計り知れません。現在、いわゆるチャイナマネーの話題が地元のメディアでも報じられますが、日系企業は到底比較にならないほどの巨額をこのゴールドコーストに投じ、この地を世界有数のリゾート地へと一変させたのです。

こうした日本企業の尽力もあり、ゴールドコーストが国内最大のリゾート地へと成長したという点は、新たな日本人投資家にとっても重要なポイントとなるでしょう。

投資判断と歴史的な背景は、あまり関連していないと考える人もいるかもしれません。ただ、投資するだけでなく、たとえ短期間でもその地に滞在したり、たびたび訪れるのであれば、その国が親日であるかどうかは大事です。

その点において、かつて日系企業が進出し、インフラ整備の一翼を担ったという事実は、投資判断においてもプラスの情報です。この先、ゴールドコーストがさらに発展するにつれて、国内外の評価はなお高まっていくでしょう。

このような恵まれた環境が、不動産を持つことで、あなた自身のものになるということです。それを、これから詳しく述べていきます。

ゴールドコーストは小さな避寒地として発展した

ゴールドコーストは、オーストラリアの中でも特に位置や気候などの関係から、観光都市、もっといえば〝避寒地〟として人気を博してきました。60キロメートルにわたる長大なビーチ、そして年間を通して気候が温暖であることが最大の魅力であり、避寒をするには最適の地として、ゴールドコーストは選ばれてきたということです。

繰り返しになりますが、**住まいを決める上で気候は非常に重要**です。特に、定住しようと考えた場合、どれほど利便性が高くても気候面で不満があると、長く住むことはできません。

シドニーやメルボルンなどの都市は、金融や経済に支えられた大都市ではあるものの、冬場になるとかなり寒くなることは前述しました。したがって、寒さをしのぐためにゴールドコーストへと移ってくる人が少なくありません。ゴールドコーストの冬は、それほど寒くならないからです。

しかも、ブリスベンへの交通が便利であることに加え、シドニーへは飛行機で1時間ほどの距離となります。メルボルンへも2時間ほど。交通の便が発達したことで、素晴らしい気候のゴールドコーストに移住する人が増えたのでしょう。かつては航空運賃が高かったこともあり、利用者が限定されていた側面もありますが、その後の規制緩和によって状況は大きく変わりました。

日本と同様に、オーストラリアでも規制緩和による参入が相次ぎ、いわゆる格安航空会社（ＬＣＣ）が台頭してきました。その結果、シドニーをはじめとする他の大都市までも気軽にアクセスできるようになったのです。

極端な話、ゴールドコーストからシドニーまでわずか２０００円ほどで行けるものもあります。それだけ安価であれば、住まいにはよりプライベートが楽しめるところを選びたくなるもの。それが避寒地としてのゴールドコーストというわけです。

オーストラリア人の休日の取り方は、日本人とは大きく異なります。日本でも「働き方改革」と称して残業を減らし、休みを増やす流れはあるものの、いまだ発展途上です。一方、オーストラリア人は、もともとまとまった休みを取る習慣があります。

具体的には、半年に1回は2週間ほどのまとまった休みを取っています。場合によっては、1カ月ほどまとめて休暇を取る人も。長期勤続手当などを加えると、もっと長い人もいるかもしれません。いずれにしても、きちんと休むのが当然なのです。大人にも〝夏休み〟があるとすれば、過ごし方を工夫したくなるのも当然でしょう。いくら休みとはいっても、数週間〜1カ月という期間を無為に過ごすことはできません。だからこそ、オーストラリア人は、リゾート地をはじめとする観光など余暇の過ごし方への意識がとても高いのです。

日本におけるリゾート地というと、那須や軽井沢など別荘地をイメージする方も多いでしょう。一方、ゴールドコーストには必ずしも富裕層やセレブ向けだけでなく、一般の人も訪れています。それだけに、多くの人にとってなじみ深い地域なのです。

「オーストラリアワインは世界一」というセレブも

ゴールドコーストにはもちろん、オーストラリアの各所には、世界中からたくさんの観光客が訪れています。ゴールドコーストを訪れた人が口々に述べるのは、「オーストラリアのワインはとてもおいしい」ということ。世界一だと評価する人もいます。世界中のセレブが訪れているオーストラリアですが、彼らの肥えた舌をうならせるワインをゴールドコーストでも楽しむことができます。オーストラリアの南部はワインを造るのに適した気候で、そこにヨーロッパから移住したワイン醸造家が多く活躍しています。そこではオーストラリアならではの味わい深いワインがたくさん造られています。

私がよく行くのは「ダンマーフィーズ*」というお店です。おおむね1つの地区に1店舗はある酒屋さんですが、店内の面積は非常に広く、その中にたくさんのワインが置かれ、販売されています。

＊ダンマーフィーズ（https://www.danmurphys.com.au/dm/home）

ざっと店内を見回してみると、700豪ドルや1000豪ドルほどする高級ワインが並んでいる一方、20～50豪ドルほどのワインもあり、好みに応じて選べます。あまりにも種類が豊富で、お店に足を運ぶたびに新しい発見があるほどです。

ワインを選ぶ際のポイントとしては、「20～30豪ドル」を目安にすることをオススメします。この範囲内で、自分好みのおいしいワインを探してみるのです。価格帯としては日本円で2000円前後とそれほど高価ではありませんが、ほどほどの価格でおいしいオーストラリアワインを見つけることを楽しみながら堪能してみてください。

もちろん、ダンマーフィーズにあるのはワインだけではありません。ビールや日本酒など、日本人になじみ深いお酒も置いてあります。ただ、やはり有名なのはワインですので、オーストラリアを訪れた際にはぜひ新しいワインとの出会いを楽しんでみてはいかがでしょうか。

なぜ、ワインのご紹介をするかというと、オーストラリアには「BYO」という仕組みがあります。BYOとは「Bring Your Own」の略。つまり「食事するお店にワインを持ち込んでも大丈夫です」という意味です。手頃なワインを持ち込めば、出費を抑えながら、おいしい食事とお酒を堪能することができます。

BYOを実施している店舗であれば、わざわざお店で高いワインを頼まなくても、自分でワインを持ち込んで食事を楽しむことができます。事実、20～25豪ドルで販売されているワインも、お店で飲むと50～60豪ドルほどの価格で提供されたりします。

つまり、単純計算で倍の値段になってしまうのです。それなら、BYOを利用して持ち込んだ方がお得であることは間違いありません。

すでに述べたとおり、ゴールドコーストの物価は決して安くありません。特に外食は高くつきやすい。それならせめてお酒は自分で用意し、レストランの食事を気軽に楽しんだ方が得策です。ちなみに、レストランの食事はおいしいところばかりです。

また、レストランの中にはお酒を提供しないところもあります。その理由は、酒類を提供するためのライセンスが高額なためです。その点、BYOならば、お店は食事の提供に専念でき、利用者は自分好みのワインを楽しめるというわけです。

ちなみにレストランの1人前の量はとても多いので、前菜やメインディッシュをいくつか頼んで、それをみんなでシェアして食べるのも食事の楽しみ方ですし、金銭的にも安く上がります。

牛肉、ラム肉、豚肉は安くてうまい。魚介類は新鮮

オーストラリアワインに加えて、気になる方も多い現地の食事について、さらに掘り下げてみましょう。よく食されているのは、牛肉、ラム肉、豚肉などの安くておいしい肉と、新鮮な魚介類が中心です。

輸出されているオージービーフは、769万平方キロメートルという広大な国土で育てられたオーストラリア産の牛肉です。育てられている牛の数は、オーストラリアの人口よりも多いとされています。まさに、世界最大級の牛肉輸出国たる所以です。

健康志向の高まりを受けて、最近では日本でも牛の赤身が好まれるようになりました。もちろんオーストラリアでも食されており、オーストラリアワインとともに堪能すればその味わいは格別です。実は、オーストラリア産の和牛も出回っています。

牛肉の次に人気のある赤身はラム肉です。オリーブオイルや塩コショウで味付けした骨付きのラム肉をそのまま手で持って食べるのがオーストラリア流です。軽くパン粉をまぶしたハーブクラスト焼きのラム肉も人気です。

ちなみに、オーストラリアは人件費が高いので、働いている市民は高い収入を得ることができます。レストランで食事をするとハワイ並みの値段となってしまうのですが、スーパーマーケットで買う分にはそれほど高額ではありません。

物価の目安となる最低賃金（1週間あたり）についても紹介しておくと、1991年4月の時点で550豪ドルだったのが、2019年6月時点では753・8豪ドル（5万6500円＝20年8月時点）となっています。しかもこの28年間、一度も賃金が下がることなく、平均1・21％ほどの割合で上昇しています。

最低賃金は日本のように都道府県別ではなく、あくまでもオーストラリア全土のものですが、リゾート地であるゴールドコーストは特に高額な部類に入るかもしれません。その分、外食ではそれなりの出費を覚悟する必要があるでしょう。

ただ、人件費はほぼ全てのサービスに提供され、提供を受ける側もその恩恵を受けています。家賃の上昇で得られた利益は社会に循環し、サービスの向上につながるので家賃の上昇も違和感なく受け入れられています。

話を元に戻しましょう。外食は高額になりやすい反面、普段の買い物は決して高くなく、現地の無農薬野菜などは日本より安く購入できます。

さらに、果物などの農作物に加えて、チーズや牛乳などの乳製品は安いので、驚かれる方も多いです。極上ステーキ肉や豚肉、羊のランプ肉も、日本で買うよりかなり安く購入できます。そしてそのおいしさに、観光客の多くは感動します。

魚介類に関しては、新鮮なサーモンやイワシ、エビ、カキ、マグロも食されています。回転寿司もあるのですが、現地人に人気があるのはサーモンのアボカドロールです。ロブスターなど、日本では珍しい魚介類も好まれています。

近郊の海や内海では、気軽に魚介類を捕ることもできます。キス、クロダイ、コチ、イカなどはゴールドコースト界隈《かいわい》ではどこでも釣れますし、沖に出ればマグロ、ブラックマリーンも釣れます。ただ、持ち帰っていい魚の大きさや量には制限がありま す。過去、アワビを大量に捕っていた人が逮捕されたのですが、罰金は何と9万豪ドル。普段の取り締まりも厳しいため、ここは注意が必要です。

先ほど牛肉、ラム肉、豚肉はおいしいと書きましたが、オーストラリア人のコミュニケーションの場としてバーベキュー（ＢＢＱ）文化が挙げられます。週末になるとたいてい家族、親戚、親しい友人たちと集まり、誰かの誕生会、送別会、記念日など特別な日にもＢＢＱをします。その際、わざわざＢＢＱ設備を準備する必要はなく、公園、自然保護区、ビーチの近くなどに公共設備として設置されていて、自由に、しかも無料で使えるのです。その設備は本格的な大型電気鉄板プレート（ガスもあります）で、まさにジュージューと音を立てて、おいしく焼くことができます。こういうところもオーストラリア、ゴールドコーストのおおらかでユニークなところではないでしょうか。

中心地から25キロ圏内に15以上のゴルフ場がある

広大な敷地を有するオーストラリアには、ゴルフ場がたくさんあります。もちろんゴールドコーストにも立派なゴルフ場が数多くあり、中心地から25キロ圏内に15以上のコースが設置されています。ゴルフ好きにはたまらない地域です。

その中には、日系企業が開発し、所有していたものも少なくありません。図表2－2に挙げたゴルフコースの中で、グレイズ・ゴルフクラブとクーランガッタ&ツイードヘッズ・ゴルフクラブ以外は全て日系企業が開発しました。現在でも日系企業に所有、運営されているコースもあります。

①グレイズ・ゴルフクラブ

サーファーズパラダイス中心部から南西に車で20分ほど行ったところにある、グレッグ・ノーマンが設計したチャンピオンシップコースです。オーストラリアのリゾートコースでもトップ10に選ばれています。

②サンクチュアリコーブ・ゴルフ・アンド・カントリークラブ

ホテルやマリーナ、ショッピングビレッジ、スポーツクラブなどが隣接するリゾートタウン「サンクチュアリコーブ」にあります。2つのチャンピオンシップコースがあり、サーファーズパラダイスからも車で30分ほどと好立地です。

図表2－2　ゴールドコーストの主なゴルフ場

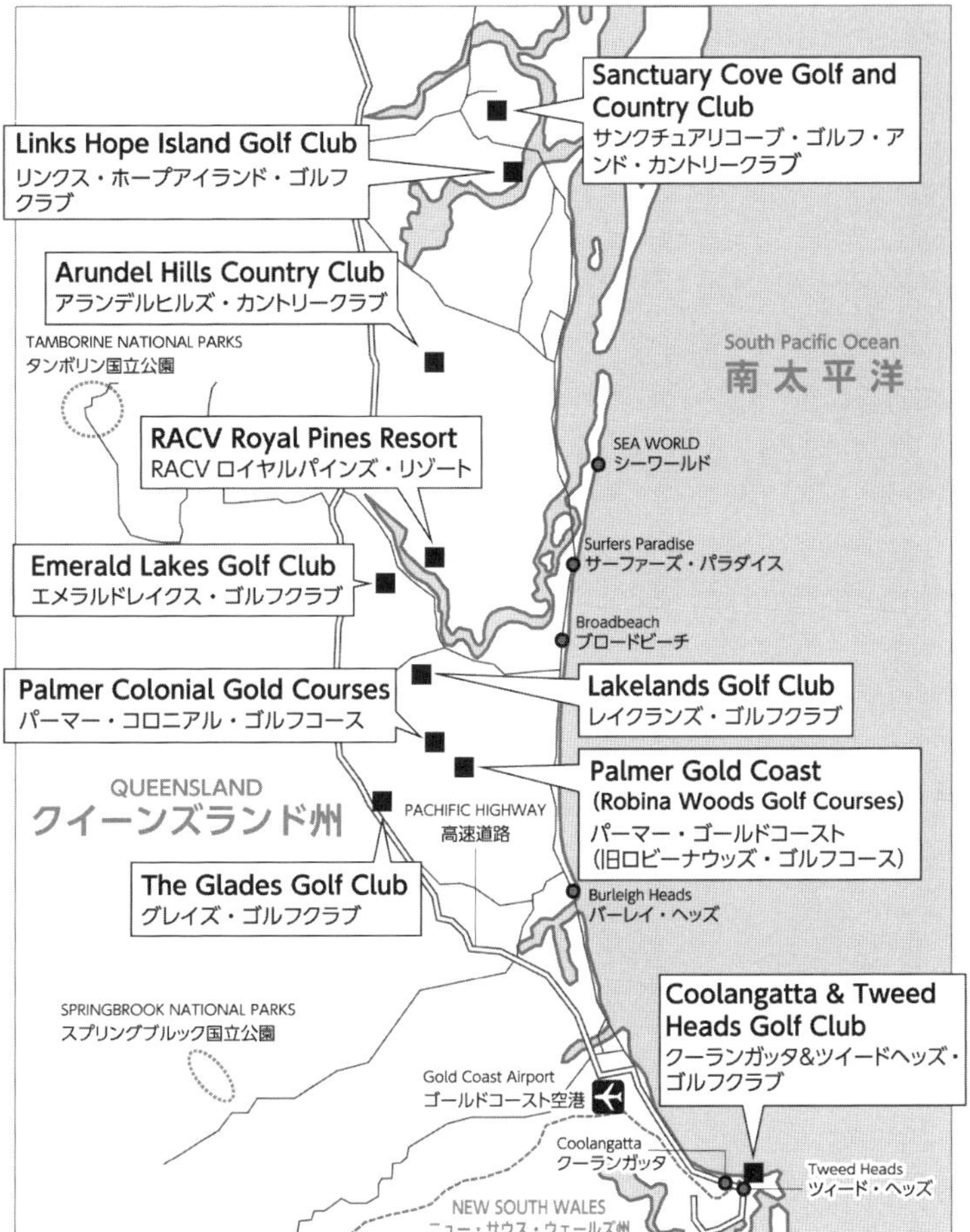

③RACVロイヤルパインズ・リゾート

サーファーズパラダイスから車で西へ15分ほど行ったところにあり、ゴールドコース、グリーンコース、ブルーコースの3つが配置されています。各種大会が開催されるチャンピオンシップコースとしても知られています。

④リンクス・ホープアイランド・ゴルフクラブ

総合リゾート「ホープアイランド」の中にあり、ピーター・トムソンによる設計で、スコットランドのリンクスコースを再現したものです。難易度の高いコース設計がファンを魅了していることに加え、格調高い地中海風のクラブハウスも人気を博しています。

⑤レイクランズ・ゴルフクラブ

かのジャック・ニクラウスがオーストラリアで初めて設計したチャンピオンシップコースです。世界トップクラスとも評される芸術的なコースは、初心者から上級者まで幅広い層にプレーされています。

⑥パーマー・ゴールドコースト（旧ロビーナウッズ・ゴルフコース）

サーファーズパラダイスから南西に車で20分ほどのところにあり、ユーカリの林に囲まれ、自然の造形を生かした設計が特徴です。他のコースに比べて狭いフェアウェイは、日本のゴルフ場を彷彿《ほうふつ》とさせる一面もあります。

⑦パーマー・コロニアル・ゴルフコース

日本人設計家である小林光昭が手掛けたゴルフ場です。１９９２年にオープンした後、２００３年に現在のコース名へと改名されました。コースコンディションの良さは、ゴールドコースト１であると評価されています。

⑧クーランガッタ＆ツイードヘッズ・ゴルフクラブ

クイーンズランド州とニューサウスウェールズ州の境にあります。１０１ヘクタールもの敷地に設計された歴史あるコースは、オーストラリアでトップ25に選ばれています。

⑨エメラルドレイクス・ゴルフクラブ

サーファーズパラダイスから西へ車で15分ほどの距離にあり、グラハム・マーシュが設計したチャンピオンシップコースです。ゴールドコースト初のナイター用照明が設置されており、ナイターゴルフを楽しむことができます。

⑩アランデルヒルズ・カントリークラブ

ウエディング会場としても利用されている、コロニアルスタイルのクラブハウスを有するゴルフ場です。レクリエーションセンターにはプールやランニング&トレーニングマシーンなどもあり、施設の評価は5つ星です。

ブッシュウォークからクルージング、サーフィンまで楽しめる

ゴールドコーストに住んでいれば、雄大な自然を活用して「土曜日は太古の森林でブッシュウォーク（ハイキング）。日曜日は海でクルージング」といった生活を実現す

ることもできます。日本ではあまり考えられない生活が、ゴールドコーストなら可能となるのです。

ブッシュウォークはともかく、クルージングに対してハードルが高いと思われる方もいるかもしれません。しかし、ゴールドコーストであれば、レジャー用クルーズ船やジェットスキー（水上バイク）の免許は1日あれば取れてしまいますし、クルーズ船を置くスペースもたくさんあります。

少し街を歩いてみれば分かるのですが、海に面した地域には大小さまざまなクルーズ船が置かれています。休日ともなると、多くの人がクルージングを楽しんでいる証拠です。ここにも、ゴールドコーストらしいアクティビティーがあります。

また、川（カナルと呼ばれる海水の川）に面した一戸建ての住宅であれば、ベランダからそのまま入り江、紺碧色の太平洋に出ることもできます。物件にもよりますが、庭の先に専用の桟橋（ジェティー）を設置することができ、そこにクルーズ船を停泊できたり、釣りをしたり、食事をすることも可能です。まさに、自然を楽しめるゴールドコーストらしい過ごし方でしょう。

さて、ブッシュウォークやクルージングもいいのですが、本場のサーフィンを楽しみたいという方もいるかと思います。バーレイヘッズやキラビーチなど、世界的にも有名なサーフスポットがあるゴールドコーストは、地元の方にも大人気です。

シーズン中は、サーファーはもちろん、砂浜や岩場、ビーチ前の芝生などで夏の日差しを楽しむ人がたくさん訪れます。日本ではなかなか味わうことができない、本物のバカンスを体験できるのも、まさにゴールドコーストならでは。

世界大会も開かれるサーフィンの聖地ということもあり、玄人がたくさんいると思われるかもしれませんが、プロからアマチュア、初心者まで、誰でもサーフィンを気軽に楽しめます。私も体験してみましたが、気兼ねすることなく楽しめました。

本格的にサーフィンをやりたい人向けには、サーフィンの学校もあります。それだけ、サーフィンが文化として根付いている証拠でしょう。サーフィンにハマり、それがきっかけでゴールドコーストに不動産を購入する人も多くいます。

近隣のオフィスビルには、地下にシャワー室を設置しているところもあります。そのビル内で働いている人が出勤前にサーフィンをし、シャワーを浴びてそのまま仕事するための配慮です。このことからも、サーフィンがいかに身近なのか分かります。

ちなみに、私はそれほどサーフィンに精通しているわけではありませんが、サーフィンが好きで訪れる人は「波が厚い」と評価しているようです。「日本の波は薄いけど、オーストラリアは厚いからいい」というように。

おそらく、サーフィンをしている人には直感的に伝わる表現なのでしょう。いずれにしても、砂浜の規模や海の大きさ、気候、そしてオーストラリア特有の地形が、いい波をもたらしているのかと思います。サーフィン好きにはたまらない環境です。

このように**ゴールドコーストには、ブッシュウォークやクルージング、そしてサーフィンなど、自然と遊べる環境が整っています。たとえ移住しなくても、シーズン中だけ楽しむことも可能です**。それだけでも、生活の質、ひいては人生の質が向上するのではないでしょうか。

物件選びによって人生の質は向上する

ゴールドコーストには自然、環境、施設、暮らし、その他数多くの魅力があります。

ここには、仕事とプライベートを明確に分けるオーストラリア人らしい、理想的なライフスタイルがあるのです。だからこそ、多くの人を魅了しています。

私自身、オーストラリアでの不動産投資を検討されている方には、現地を案内しながらそれらについて紹介し、よりハイクオリティーのライフスタイルを実現できる点を特に強調しています。これも、投資判断に重要な影響を与えるためです。

海外不動産投資先というと、東南アジアの国々への投資もよく取り上げられます。経済は発展途上で、戦後の日本のように将来大きな成長が見込めるというのがセールスポイントです。確かにゴールドコーストの物件は、東南アジアの国々のように短期的な値動きや高い期待値があるわけではありません。そのため、投機的な運用は難しく、わずかな期間で値段が倍増するということもないでしょう。しかし、生活そのものを向上させてくれるポイントがたくさんあります。

本来、不動産というものは、人々の暮らしを支えるものです。そのため、自分が住むにしても賃貸に出すにしても、そこに住む人の生活が豊かになってこそ、高い価値があると考えるべきでしょう。そこには、資産価値だけでない評価軸があります。

近年では「クオリティー・オブ・ライフ」という言葉も聞かれるように、人生全体を通した生活の質向上が重視されており、人間らしい生活や自分らしい生き方に回帰する傾向が強まっています。その点、生活の拠点である住まいに求めるものも変わってきています。

特に立地ということでいえば、自分のライフスタイルに合わせて選択することが重視されています。それは、必ずしも定住する場所だけでなく、別荘のような使い方も含めた不動産投資の選択にも表れているようです。

少子高齢化が進む日本では、将来の年金や社会保障への不安が高まっています。それに伴い、資産形成の重要性も叫ばれているかと思います。その資産形成を着実に進めつつ、自らのクオリティー・オブ・ライフを高められるのなら、そこに投資することは必然でしょう。

これまで投資になじみがなかった人も、これからは将来を見越して資産形成していく必要があります。そのためのきっかけとして、不動産投資、特にゴールドコーストへの投資を検討することは、重要な一歩になるのではないでしょうか。

もちろん、東南アジア諸国のように短期間で物件価値が倍増するということは期待できませんが、反対に価値が大きく目減りすることもなく、日本では体験しにくいライフスタイルを実現できるのであれば、検討する余地は十分にあると思います。なかでも、これまで投資になじみがなかった人こそ、収益性以外の部分に目を向けてみてはいかがでしょうか。得られる環境、新しいライフスタイル、そしてオーストラリアやゴールドコーストとのつながりは、大きな資産になるはずです。

現状を見ると、投資判断の指標として提供されている数値のほとんどが、金銭的な評価軸をベースにしています。端的にいえば、目先の資産が増えるかどうか、資産形成に結び付くかどうかばかりが考慮されており、確かにそれらも重要ではあります。しかしそれだけでなく、**プラスアルファの価値もきちんと評価してこそ、本当の意味でのリターンが得られる**と私は考えています。特に、長い人生をより有意義に過ごすための要素は、もっと評価されてしかるべきではないでしょうか。

ゴールドコーストには、そうした要素があるのです。

第3章

人生を楽しむほど、お金が増える！

中長期的な投資に向くオーストラリア

第3章では、ゴールドコーストにおける不動産投資の中身について、より詳しく紹介していきましょう。投資判断をする上で気になるのは、やはり数字の部分かと思います。各種データとともに、ゴールドコースト不動産の実力について掘り下げてみましょう。

ゴールドコーストでの不動産投資には、オーストラリアの堅調な経済状況に加えて、人口の推移を含めた将来性、さらには現地ならではの自然や環境、その他さまざまな暮らしの魅力が備わっています。

それらを踏まえると、ゴールドコーストの不動産に投資することは、単純に「物件を購入して賃貸に出し、継続的に家賃収入を得る」というだけではありません。オーストラリアのアクティビティーを楽しむべく、自ら活用することもその価値に含まれています。

つまり、**「半分移住・半分賃貸」というような活用も決して不可能ではない。**ということです。もっとも、オーストラリアの永住権や国籍を取得することは現状ではかなり難しくて現実的ではないのですが、それでも物件があれば遊びに行くことは可能です。

要するに、完全に移住するのではなく、あくまでも別荘があるリゾート地として活用し、かつ使用していないときは賃貸に出して家賃収入を得るというスタイルです。それができるのも、ゴールドコースト不動産投資の魅力となります。

そうはいっても、気になるのが運用時のデータではないでしょうか。基本情報として、運用利回りは平均5％ほど、実質ではおおむね2～3％です。ただこの推移に関しても堅調であるため、安心して賃貸経営ができるという点は強みになるでしょう。

加えて、慢性的な住宅不足が続いているオーストラリアでは、入居者の獲得も難しくありません。不動産投資において、いかに安定的に入居者を獲得できるかは、重要なファクターとなります。入居者がいなければ、家賃収入も得られないためです。

日本の不動産でも高利回りを実現できる物件はあるのですが、それらの多くは入居率（空室率）まで加味されていません。つまり、入居者を獲得できれば高利回りとな

図表3－1　不動産投資における日本とオーストラリアの比較

比較項目	日本	オーストラリア
国の成長率 GDP	1999年450兆円 →2019年539兆円 20年間で20%上昇 （平均年率1%の成長）	1999年80兆円 →2019年140兆円 20年間で75%上昇 （平均年率3.5%の成長）
人口増加率	毎年2～4%前後で減少 2019年には約51万人減少 ここ15年間で約300万人減少	毎年2～3%前後で増加 2019年には39万人増加 （自然増加36%＆移民政策で64%） ここ15年間で約533万人増加
賃貸空室率	東京23区で10%、 神奈川・千葉・埼玉で20% ＊相続税対策で供給は増える	全国平均2.5%前後 （一極集中ではない。全国的に空室率が低い） ＊人口の増加に対して住宅供給が追いつかない状況
自然災害 リスク	建物に影響を及ぼす地震・台風・豪雨の災害リスク	地震がない。自然災害による建物の損傷・倒壊・消失はまれ

出典：オーストラリア統計局、日本厚生労働省、他

るのですが、必ずしもそううまくいくわけではなく、一定のリスクが内在しています。

確かに日本の不動産は安定的な資産となり得ます。立地や物件状況にも配慮して選べば、資産形成の一翼を担う存在となるでしょう。ただ、少子高齢化を伴う人口減少について考えたとき、中長期的な資産形成につながるかは疑問です。

一方、人口も経済も成長を続けており、これから先も安定的に伸びていくことが予想されるオーストラリア市場は、不動産価値という側面から考えても有利です。まさに、**中長期的な資産形成に向いているのが、オーストラリア不動産投資なのです。**

経済、人口、入居率（空室率）以外の視

点としては、震災リスクも挙げられます。日本は地震や豪雨による洪水のリスクがありますが、オーストラリアならその心配もありません。

図表3－1のように、不動産投資を検討する上で気になるポイントをあらためて比較してみると、オーストラリア不動産の優位性は際立っています。単純な利回りの差だけでなく、総合的に考えたとき、やはりオーストラリアは有望な地域であるといえそうです。

ブリスベンとゴールドコーストの関係性と不動産

高速道路の開通や電車の路線の拡充によって、ブリスベンとゴールドコーストが行き来しやすくなったことはすでに紹介しました。ここであらためて、クイーンズランド州全体で見たときの、ゴールドコーストの立ち位置について概観してみましょう。

ご存じのとおり、不動産の価値というのは立地に大きく左右されます。豊かなライフスタイルを実現できるゴールドコースト不動産とはいっても、やはり購入する物件の価値がそれなりになければ、投資判断は難しくなると思います。だからこそ立地が重要です。

クイーンズランド州だけで見ても、日本の5倍ほどの面積があることはすでに述べました。そのうち、最大の経済都市はブリスベンであり、ゴールドコーストは2番目に大きな都市となります。これは不動産の取引額という点で見ても同様です。

その他の地域に関しては、それほど大きくはありません。3番目に大きいタウンズビルもありますが、上記2つの都市と比較してしまうと、不動産取引はあまり活発とはいえません。やはりクイーンズランド州においては、ブリスベンとゴールドコーストにおける取引が断トツです。

当然、資産形成を踏まえた不動産の価値という点においても、この2都市を中心に形成されていると考えて間違いありません。あえてイメージの違いを述べておくと、金融を含むクイーンズランド州を代表する大企業が集中する商業都市のブリスベンと、リゾートかつ生活圏のゴールドコーストという感じです。

いずれにしても、両都市の移動が容易であることから、クイーンズランド州を語るにはこれらの相乗効果、あるいは相互関係を加味しておく必要があります。それが不動産そのものの価値を左右し、かつ資産形成にも結び付いているためです。

経済圏という面では、ゴールドコーストに住み、ブリスベンに通勤している人が多いことから、その間の地域もそれぞれの特徴を踏まえて発展しています。不動産価値という観点からも、それぞれの地域は非常にいい関係性にあるのです。

実は、このブリスベンとゴールドコーストのような関係性は、他の都市には見られません。シドニーやメルボルンもそれぞれ大都市ではありますが、あくまでも単独で大きな規模を誇っており、経済活動と生活が分離しているわけではないのです。

そこに、ゴールドコーストが選ばれる理由もあります。何度も述べているように、オーストラリア人は仕事とプライベートをきちんと分けたいと考えています。だからこそ、ブリスベンで働き、ゴールドコーストで遊ぶという関係性は、理想的なかたちとなります。

ちなみに、ゴールドコーストだけでなく、ブリスベンの不動産も気になるという方もいるかと思います。価格面でいうと、３０００万～４０００万円規模のレベルであればブリスベンにもたくさんあり、こちらを好んで投資している人もいます。

実際に、商業的な成長性を加味して投資したいという人には、ゴールドコーストよりブリスベンの物件を勧めることもあります。あくまでも好みの問題となりますが、経済性の高い都市型の物件に投資したいという方は、ブリスベンにも目を向けてみるといいでしょう。

もちろん、**純粋に賃貸運営だけをしたいという方も、ブリスベンの物件は向いています。一方で、自らのライフスタイルを含めて投資したいという人には、やはりゴールドコーストがオススメです。**どちらがより自分に合っているかは、総合的に判断する必要があります。

ホテルコンドミニアムは賃貸用として大人気

ゴールドコーストでも、賃貸として人気なのは、やはりコンドミニアムです。非常に使い勝手が良く、季節限定で利用する人も多いでしょう。賃貸住宅といっても、その活用方法は多種多様です。ホテルのように宿泊施設として、長期バケーション用として、あるいは住まいとして貸し出しができます。

例えば、シーズン中に数週間から3カ月ほどコンドミニアムを借りてバカンスを楽しむという人もいれば、仕事の関係で引っ越してきた人が6カ月〜1年以上利用するというケースもあります。いずれにしても、需要が豊富であることに変わりはありません。

私は過去、30年近くにわたってゴールドコーストで不動産取引に携わっていますが、賃貸事業において「借り手がいなくて困っている」という話は聞いたことがありません。日本のように、少し立地や条件が悪いだけで入居者が得られないというケースは皆無です。

むしろ**こちらでは「物件が見つからないので探してください」という、入居希望者からの相談が多いです**。実際にどんな物件なのか気になる方は「realestate.com.au」などのインターネットサイトをのぞいてみてください。

例えば、「サーファーズパラダイス」と地域を指定して「レント（賃貸）」を選び、金額の幅を入力してサーチをかけると、複数の物件が表示されます。プール付きの1

ベッドルームくらいの部屋がたくさん見つかるかと思います。

ちなみに、ゴールドコーストにあるコンドミニアムの大半にはプールが付いています。日本のマンションとは異なり、ゴールドコーストの不動産はあくまでも世界的なリゾート地のコンドミニアムです。きちんとバカンスを楽しめる設備が整っています。

イメージとしては、高級賃貸マンションというより、一流ホテルを想像していただくといいかと思います。もちろん、一等地にあるコンドミニアムはオーシャンビューを楽しめますし、管理会社がきちんと管理しているので安心して利用できます。

どの部屋にも家具が付いているのも大きな特徴でしょう。日本だけでなく、海外の物件には何ら家具が付いていないものもありますが、ゴールドコーストのコンドミニアムにはたいてい、家具が備え付けられています。その分、手ぶらで生活できるのです。

逆にいえば、家具についてはオーナー側が購入しなければいけませんが、投資効率を上げるには手っ取り早い一手法となります。ちなみに、家具や家電製品は家具パッケージを専門に扱っているコーディネーターに頼めば、手際良く整えてくれますので、手間はかかりません。

コンドミニアム「ザ・スターレジデンス・エプシロン（44ページ）」の室内例

このような物件を、オーストラリアの人は家族との休暇で2〜3週間、リタイア層は半年から1年ほど借りて楽しみます。賃貸期間は日本の住宅に比べて短めですが、入居者はすぐに獲得できるため、投資する側としては高い回転率を維持したまま運用することが可能です。それだけ、収入も安定的になります。

入居者の募集も含めて、内覧、契約締結、家賃の回収までのプロセスについては、すべて不動産会社が行います。その点に関しては、日本の不動産業者と変わりません。重要な家賃の集金と振り込みもきちんと行ってくれるので、安心して任せられます。

日本との違いでいうと、日本では、集金した家賃をいったん不動産会社が保有し、そこから振り込みをします。その場合、担当する不動産会社が倒産した場合のリスクがあるため、その点をカバーしておく仕組みが必要となります。

一方で**オーストラリアの場合は、家賃を集金する口座を別に用意しているため、たとえ不動産会社が倒産しても安心です。**いわゆる「信託口座」なのですが、これを管理しているのは州政府ですので、いざというときも慌てることなく対処することができます。

こうしたオーナー保護の仕組みについては、後ほどまた詳しく解説します。

一番動きのいい物件は4000万円

ゴールドコーストでは、さまざまな物件のうち最も値動きがいいのは日本円で4000万円規模のものです。その理由は、オーストラリア人をはじめとする投資家の多くが、購入した後＝売るときのことを考えているためです。

日本人の場合、不動産業者でない限り、不動産を購入してすぐ売ることは考えないでしょう。しかしオーストラリア人の場合は、「グッド・インベストメント」という言葉にも反映されているように、どこかで〝投資〟としての発想が根強くあります。

そのため、一般的な住宅を購入する場合でも、購入と売却をセットで考える傾向が強く、「いくらで購入し、いくらで売却できるか」という視点で不動産を評価しています。その結果、4000万円規模の物件が動きやすくなっています。

4000万円規模であれば、住宅の質としてもそれなりのものが買えますし、売却するときにも一定の資産価値で評価されます。つまり、生活の質としてのクオリティーを担保しつつ、資産形成にもつなげられるという利点があるのです。

ちなみに、**オーストラリアでは不動産業者でなくても、自分で土地を仕入れて建物を建て、販売することができます。**つまり、免許がなくても分譲事業を行うことが可能なのです。日本の場合、このような行為は免許を有する不動産業者でなければできません。

そのような商慣習からも明らかなように、不動産の売買には自然とビジネス的な感覚が持たれています。4000万円規模の物件がよく取引されているというのも、そうした背景をベースにしています。要は投資としての成否が加味されているのです。

例えば、4000万〜5000万円規模の優良な不動産を購入することによって、売却するときにも、同じレベルかそれ以上の価格で販売することができるのです。価格、マーケット、資産性という観点からも、購入と売却は一続きで考えられています。

一般の住宅を購入する人もそのような発想を持っているのですから、オーストラリアの不動産に投資する人も当然、そのような目で物件を見る必要があります。その指標としても、4000万円という基準は一つの目安になるかと思います。

平たくいうと、「**4000万円レベルの不動産を見ておけば外れない**」ということです。私自身、過去にたくさんの物件を取り扱っていますが、最も安定的に売買されているのがこの価格帯です。そこから、要望に応じて価格も変化します。

具体的には、30万豪ドルの土地に20万〜30万豪ドルの上《うわ》モノを加えれば、50万〜60万豪ドルなので約4000万円規模となります。このような物件を平屋で購入できるタイプのものが、ゴールドコーストにはたくさんあるわけです。

そのような価格帯がよく動いていることを把握していれば、マーケット状況を踏まえた投資が可能となります。コンドミニアムに関しても同様で、広めの1LDKがまさに4000万円レベルで数多くあります。投資価格の指標として押さえておきましょう。

複数世帯で住む場合は、たくさんの部屋がある8000万円や1億円規模の物件になることもありますが、だからといって、動きが悪いということではありません。価格が高額になるということは、それ相当の付加価値が伴います。実際のところ2億～3億円の物件でも即日で商談がまとまったというケースは数え切れないほどあります。

グローバル化に伴う資産のリスク分散を

オーストラリアの不動産需要が堅調であり、経済や人口の伸びを背景に市場が伸びているということはすでに述べたとおりです。さらに、オーストラリア不動産へ投資するべき理由としては、グローバル化の進展とリスク分散という発想があります。

ご存じのとおり、現代では企業活動や個人の移動、さらにはインターネット環境の拡充による情報のボーダーレス化など、世界はよりグローバルになりつつあります。その中において、資産形成を含めた投資判断にも、グローバル化とリスク分散が欠かせません。

これまで見てきたように、成熟した日本社会には数多くの問題が蓄積されています。深刻な少子高齢化や労働力人口の減少、それに伴う経済成長の鈍化は、今後も進んでいくと予想されます。人口が増えていかない以上、特に不動産市場においては抜本的な改善は難しいでしょう。

２０１１年に発生した東日本大震災のときにもいわれたことですが、不動産への投資を考えたとき、やはり日本の地震は大きなリスクとして捉えなければなりません。いくら優良物件に投資しても、地震で倒壊してしまっては元も子もないのです。

こうしたリスクを踏まえたとき、投資判断として浮かび上がってくるのが海外も含めたリスク分散です。大震災当時はマレーシアや東南アジアなどが分散先として取り上げられており、不動産投資ではハワイやアメリカ本土なども注目されていました。

もちろん、ゴールドコーストをはじめとするオーストラリアも徐々に検討されるようになっていますが、必ずしも本書で紹介しているような利点が十分に理解されているわけではありません。今後はさらに、情報発信が必要であると考えています。

特にリスク分散という点では、ゴールドコーストの物件は、日本の不動産投資では実現しにくい好条件が揃っています。すでに日本や他の諸外国で不動産投資をしている人も、さらなるリスク分散を目指し、ゴールドコーストを検討する余地があります。

ゴールドコーストのホテル運用、短・中・長期の多様性のある賃貸需要は堅調であり、投資先としても最有力候補に上がるかと思いますが、さらに範囲を広げたい人はブリスベンを中心に、サンシャインコーストやトゥーンバまでの広い地域を検討してみてください。

このように**ブリスベンを中心に、ゴールドコースト、サンシャインコースト、トゥーンバの3都市を結んだ地帯を、いわゆる「三角地域（ゴールデントライアングル）」といいます**（図表3－2）。クイーンズランド州の人口は現在500万人ほどですが、その7割がこのエリアに住んでいます。この地域は、病院、学校、交通網などのインフラが急ピッチで整備されており、今後もこのエリアで人口が伸びていくことは既定

図表３－２　ブリスベンを中心とする三角地域

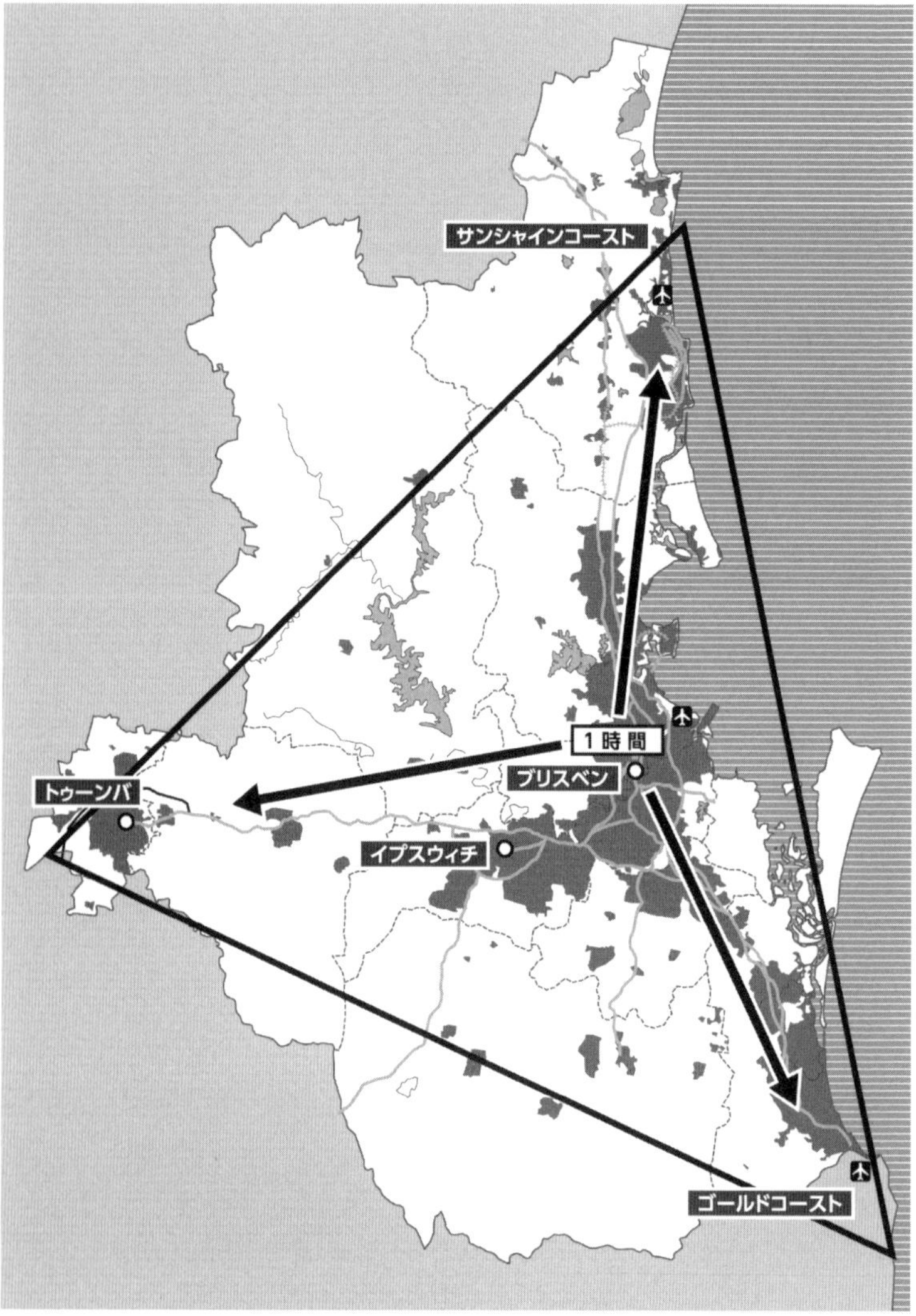

路線といえます。

人口が増え、雇用も増えれば、不動産の価値も高まっていくでしょう。グローバル化に伴うリスク分散という視点を持つ上で、ゴールドコーストだけでなく、こうした地域にまで目を向けておくことは重要でしょう。まさに、今注目の地域です。

本書は、ゴールドコーストに特化して紹介していますが、**投資資金に余裕がある方は、ゴールドコーストだけでなく、三角地域のいずれかでも物件を購入することで、さらなるリスクヘッジが実現できるでしょう。**

海外不動産投資のような発想は、まさにこうしたリスク分散の考え方に基づいています。資産を1カ所に集中させていると、思わぬリスクにさらされてしまいかねません。日本の外にも目を向け、ゴールドコーストやその周辺も、あわせて検討してみることをオススメします。

入居審査は厳格で、全国規模で信用調査ができる

日本の場合、ほとんどの賃貸物件において入居審査（事前審査）が行われているかと思います。そのため、望みどおりの物件が見つかったとしても、必ず入居できるとは限りません。審査を通って初めて契約・入居ができます。

入居審査の内容としては、あくまでも貸主が安心して物件を貸せるかどうかがポイント。「家賃の支払い能力は十分か？」「トラブルを起こす心配はないか？」「家賃が滞納された場合に対応できるか？」などの視点です。

特に最近では、連帯保証人を付けるか、あるいは家賃保証会社と契約するケースが多いでしょう。その場合、家賃保証会社の審査を経て入居の可否が決まります。保証会社が見るポイントとして、通常の入居審査と大きくは変わらないでしょう。

具体的には「契約者の収入（本人・連帯保証人）」「雇用形態」「勤続年数」「信用情報」「過去のトラブルの有無」などがチェックされる項目とされています。そのような審査を経て、不動産オーナーは安心して物件を貸すことができます。

では、オーストラリアの場合はどのような入居審査が行われているのでしょうか。**実は、入居者の情報を紐付けるかたちで厳格な審査が行われています**。特に、過去の賃貸履歴に基づいた情報共有が行われている点は、注目すべきでしょう。

その内容としては、仲介する不動産会社が入居者の信用情報を調べるとき、入居者本人から提供される情報だけでは判断しません。不動産業者同士の横のつながりを生かし、その人の賃貸履歴や支払い状況なども入手し、判断材料としているのです。

例えば、過去にどこのどのような物件に住んでいて、どの不動産会社と付き合っており、支払いに関してはどうだったのか、などの情報です。こうした情報が横のつながりとともに、法的な仕組みとして共有できるようになっているのです。

過去の賃貸履歴を見れば、その入居者がどのような人であり、かつ収入を含めた支払いに関して問題ないかどうかがチェックできます。しかもそれを、全国規模で調査できるのがオーストラリア不動産投資の特徴です。そこに、投資家の安心材料があります。

このような仕組みが構築されている背景として挙げられるのは、住民票や戸籍謄本がないためだと思われます。日本のように住民票や戸籍謄本があれば、そこから情報をたどれるのですが、それらがオーストラリアにはないのです。

だからこそ、入居審査に活用できる情報の共有が進んでいます。たとえ他の州から引っ越してきたとしても、当時の情報が共有されるため、「あなたは家賃を滞納した過去があるので、オーナーに紹介することはできません」などと断ることができます。

一方で、このような情報共有の仕組みがあるからこそ、入居者はきちんと家賃を収めようとします。過去の滞納履歴や踏み倒しに関する情報が将来にわたって影響するのであれば、誰もがきちんと家賃を支払うべく努力するはずです。

このように、**オーストラリアで行われている入居審査は非常に厳格で、かつ全国規模の信用調査が行われているため、オーナーは安心して入居者を受け入れることが可能となります。**

不動産売却に要する日数は平均60～90日

投資する案件の総合的な評価をする上で、不動産の条件や状況を精査しておくことは非常に重要ですが、購入した物件を売却するのに要する日数についても知っておくことが求められます。それが、現金化までの目安となるためです。

物件にもよりますが、日本で不動産を購入してその物件を売却する場合、査定、媒介契約の締結、広告宣伝、価格交渉、売買契約の締結、ローン審査（ローンで購入する場合）、引き渡しなどの過程を経るため、半年～1年ほどの期間を見ておく必要があるでしょう。

特に重要なのは、購入者を見つけるための売却活動です。広告宣伝が中心となるのですが、不動産業者によっては既存の顧客に販売できるケースもあり、業者の力量が試されます。どこに、どのくらいの期間、どのような形で宣伝するのかも同様です。

好立地・好条件のマンションなどは数カ月で売却できることもあるでしょうが、そもそも人口が減少傾向にある日本の場合、苦戦するケースが多いと予想されます。特にこれからは、購入した物件を売却するというより、持ち続ける人が増えるかもしれません。

一方でオーストラリアの不動産は、これまでに述べてきたような特徴から、比較的短期間で売却までこぎ着けることが可能です。あくまでも目安となりますが、売却活動をスタートしてからおおむね60～90日ほど見ておけばよいと思います。

売却に必要な過程については、日本とそれほど変わりません。具体的には、次のような流れを経て物件を売却します。

《売却までの流れ》

①価格査定
②媒介契約の締結
③物件情報の提供
④売買契約書および関連書類の作成
⑤売買契約の締結

⑥引き渡し準備
⑦残代金決済・引き渡し

全体の流れとしては、最初の段階で物件の価格を査定し、媒介契約の締結、物件情報の提供や売買契約、引き渡しといった過程を経ることになります。やるべきことは日本の物件と変わりませんが、購入者が見つかりやすいという点で期間短縮につながります。

ちなみに、物件の購入や売却の際に利用する業者は当地では「エージェント」とよばれます。日本でいう売主側の仲介業者という立ち位置です。エージェントは売買に関連するほとんどの業務をコーディネートするのが一般的です。

エージェントを利用することによって60~90日、遅くとも4カ月もあれば売却まで完了します。その資金をもとに、次の投資をしてもいいですし、別の物件を購入しても構いません。短期間で売却できればチャンスは広がります。

その後の経緯《けいい》についてですが、物件が売買された内容は記録として残り、公開されます。他の人がその物件についての情報へアクセスできるようになっていますので、あらゆる物件情報は基本的に閲覧可能です。

このように、**原則として取引内容が公開されていることは、不動産売買の透明性を高めることに寄与しています**。誰でも不動産情報にアクセスできる環境は、不動産の取引を促し、意思決定を容易にしています。そうした事情もまた、投資家にとってプラスでしょう。

不動産を買うのではなく、豊かさを買う

本章の内容を補足する上で、最後に「不動産を買うのではなく、豊かさを買う」という点にもふれておきたいと思います。

これまでにも紹介してきたように、オーストラリア、特にゴールドコーストの不動産には、投資適格性を評価する上でさまざまなプラス要素があります。それらは、必ずしも資産性の部分だけでなく、ライフスタイルも含めた総合的なものです。

それらをあらためてまとめると、「オーストラリアの安全性&成長性」「ゴールド

図表３－３　ゴールドコーストの３つの輪

《オーストラリアの安全性＆成長性》
先進国の中の新興国
人口増加（自然増加＆移民政策）
GDP が毎年上昇（29 年間連続成長）
健全な財政（国債格付け AAA）
豊富な天然資源＆高い食料自給率
ゴールドコースト
不動産の
人気の理由
《クオリティー・オブ・ライフの向上》
自分も大切な資産という考え
ゴルフ・クルーズ・釣り・
ブッシュウォーク
自分・家族・夫婦・大切な人と楽しむ
豊かさの体験・健康・健全な
精神作りに最適な環境
モチベーションの向上
《ゴールドコーストの不動産》
ご自身の目的に合わせて運用
安定した稼働率
安定した家賃収入＆利回り
安定した価格上昇
安定した流通（換金）市場

コーストの不動産」「クオリティー・オブ・ライフの向上」という3つに集約できます。1つの側面だけでなく、複数の側面から評価することによって、〝豊かさを買う〟という実態が見えてくるのです（図表3－3）。

経済や人口に関しては、「先進国の中の新興国であること（成長性）」「人口の増加」「GDPの上昇」「健全な財政」「経済における日本との関わり」など、さまざまな点で評価できるポイントが備わっています。

不動産に関しては、「不動産価値の上昇」「選べる運営形態」「安定した価格上昇」「厳格な入居審査」「堅調な賃貸ニーズ」「価格と換金性」「安心して物件を購入できる仕組み」などがあります。いずれも、不動産投資にとって重要な要素です。

これらの基本事項に加えて、「クオリティー・オブ・ライフの向上」も実現できるのが、まさにゴールドコースト流です。ゴルフやクルーズ、ブッシュウォーク、サーフィンなどのアクティビティーはもちろん、生活の質を高める環境が整っています。

日本の不動産投資家からすると、これまで体験できなかった非日常を味わえるという意味において、「不動産投資によって資産を拡大する」というだけでは十分な表現ではなく、「豊かさを買う」という方がイメージにぴったりです。

不動産投資は資産の経済性のみに焦点が当てられがちですが、**「自分自身も大きな資産である」**ということを忘れてはいけないと思います。その意味において自分自身のライフスタイルを豊かにしてくれる要素がゴールドコーストにはたくさんあります。それらはまさにプライスレスの価値であり、何倍ものリターンをもたらしてくれるでしょう。

ただし、自分でやらなければならないことや、見つけなければいけないことが意外と多いのも事実です。何でもしてくれるというよりは、ＤＩＹの意識が必要です。

日本の場合、旅行でも観光でもさまざまな側面からお膳立てがなされています。「おもてなし」という言葉もあるように、訪れた人は提供されるものを堪能していれば、それだけで十分に楽しめます。しかし、オーストラリアではもっと主体性が必要です。

例えばアメリカでは、サービスをしてくれた相手にチップを払います。サービスというのはタダではなく、あくまでも対価を与えられるべきという感覚です。オーストラリアにチップの文化はありませんが、意識は近いかもしれません。いい意味で、サービスの提供者と顧客との垣根が低く、フレンドリーに接してくれます。慣れないうちは、そっけない態度をとられていると感じるかもしれません。要するに、「お客さまは神様」という感覚ではなく、お互いに対等な雰囲気があるのです。

レストランなどを訪れてみると、丁重に扱われるかと思いきや、対応は必要最小限でフランクな感じです。もちろん、現地の人はみんな根が明るいので、慣れてくるとその場の雰囲気を楽しめると思います。少なくとも、ちやほやしてくれることはありません。

不動産取引についてもその意識は同じです。むしろ、**関わる人すべてが健全なパートナーシップのもとで、透明性の高い取引をし、投資する側が主体的に関わる喜びと醍醐味《だいごみ》を楽しんでいるのです。**

そういったオーストラリアならではの特徴を含めて、豊かさを買う体験を、ゴールドコースト流・不動産投資によって得てみてはいかがでしょうか。

第4章

なぜ利回りを捨てると得をするのか？

過去29年にわたって景気後退がないオーストラリアの強み

前章までは、ゴールドコースト流・不動産投資における基本情報と、人生の質を向上させるクオリティー・オブ・ライフの観点から、ゴールドコーストの魅力をお伝えしてきました。第4章では、オーストラリア全体を含めた物件の資産性についてさらに掘り下げていきましょう。

不動産の価値について考えるとき、過去、現在、未来にわたってどのように推移していくのかを検討することは重要です。短期間で売買するにしても、これまでの経緯を踏まえた資産性の評価ができなければ、適切なリスクをとることはできません。

不動産投資をはじめとするあらゆる投資には、少なからずリスクが伴います。その点、リスクをゼロにするというよりは、可能な限りリスクを減らして適切にリターンを得るというのが、投資を成功させる秘訣《ひけつ》となるでしょう。そうした発想が資産形成につながります。

オーストラリアの不動産を時間軸で考えると、「強い内需に支えられて不動産価値が高まってきた」という事実は、見逃せないポイントでしょう。資源大国であることはすでに述べたとおりですが、サービス業を中心とした内需の伸びも堅調です。

つまり、オーストラリア特有の強みを生かして国内経済が成長しているということです。ゴールドコーストのような世界有数のリゾート地を有するオーストラリアですから、外需はもちろん堅調ですが、内需が断トツに好調である点は重要でしょう。

グローバル社会の進展に伴い、観光需要をはじめとする外需中心の経済成長を果たしている国の底力は、内需に起因します。そしてそれは、国内産業のポテンシャルに加えて、労働力の土台となる人口増加に支えられています。

先進国であるオーストラリアが、「先進国の中でも、より新興国的である」といわれる所以はここにあります。要するに、国内経済が完全に成熟しきっているわけではなく、**過去、現在、そして未来にわたって成長性を維持している国**ということです。

なかには、農産物や鉄鉱石の生産・産出を経済の主軸にしていると思っている方もいるかもしれません。確かにそういった第1次産業や第2次産業はオーストラリア経済を支えているものの、もはやそれほど大きくはありません。むしろ、サービス業を中心とした第3次産業が就業人口の7割ほどを占めています。

そのような先進国としての条件を備えているだけでなく、新興国としての可能性も秘めているオーストラリアは、人口の伸びを見ても期待が持てます。毎年のように増えている人口は、さらなる国の発展に寄与するからです。

事実、不動産ビジネスの成長性に目をつけて、積水ハウス、住友林業、NTT都市開発、ダイワハウス、ミサワホーム、トヨタホームなど、日本の大手企業も参入していることは前述しました。こうした動きは、今後の成長を先取りしていると言っても過言ではありません。

しかも、かつてバブル期に日本企業が参入してきた状況とは異なっています。当時のように日本国内の経済成長に期待するのではなく、オーストラリア国内のより確実な伸びを期待して進出しているのです。そうした傾向からも、内需を背景にしたオーストラリアの強さが垣間見えます。

国としても、人口を増やすための施策とともに、住宅購入のための補助にも力を入れています。例えば、初めて住宅を購入する人に対しては、州政府と連邦政府から合計4万豪ドル（約300万円）の補助金がもらえるため、購入のハードルも低くなっているのです。
オーストラリアは、これからもまだまだ伸びていきそうです。

ゴールドコーストの不動産の価格上昇率は？

ゴールドコーストで不動産を購入すると仮定したとき、購入する物件の資産価値がどのように推移していくのかは、気になるところでしょう。ここであらためて、数値データをもとに、物件の価格上昇がどのように起こっているのか考えてみましょう。

まずは、過去5年間における中間価格帯の推移についてです。図表4-1にもあるように、戸建ての中間価格は52万〜62万豪ドル間で推移しており、大きな変動はありません。つまり、安定的に価格が推移しているのが近年の傾向です。
コンドミニアムのような集合住宅（ユニット）も同様で、中間価格は37万〜41万豪ドル（約3000万円）間で推移しています。戸建てと集合住宅ともに、売買数も堅調であり、不動産需要が安定的であることを示しています。これらのデータは、ゴールドコーストで不動産を購入する際の参考となるでしょう。

より長いスパンで見てみましょう。図表4－2のグラフは、過去20年間におけるゴールドコースト不動産の価格推移です。上昇率で見ると戸建ての価格上昇が著しく、20年間でおよそ3倍にまで伸びています。ここからも、堅調な不動産価値の上昇が見られます。

ちなみに、この間のオーストラリアの景気を表す株価指数（S&P／ASX200）も3150豪ドルから6800豪ドルと約2倍上昇しています。

中長期的な視点が求められる不動産投資において、こうした過去のデータを踏まえた検討は欠かせません。やはりオーストラリアは、先進国の中でも成長している国であり、不動産価格も同様に伸びているという点は評価するべきでしょう。

不動産投資の成績に関しても、単年度だけで評価できるものではありません。たとえ今が好成績であったとしても、翌年以降、同様のパフォーマンスを発揮できるとは限りません。だからこそ、先を見据えた評価が求められます。

図表4-1　過去5年間における中間価格帯の推移

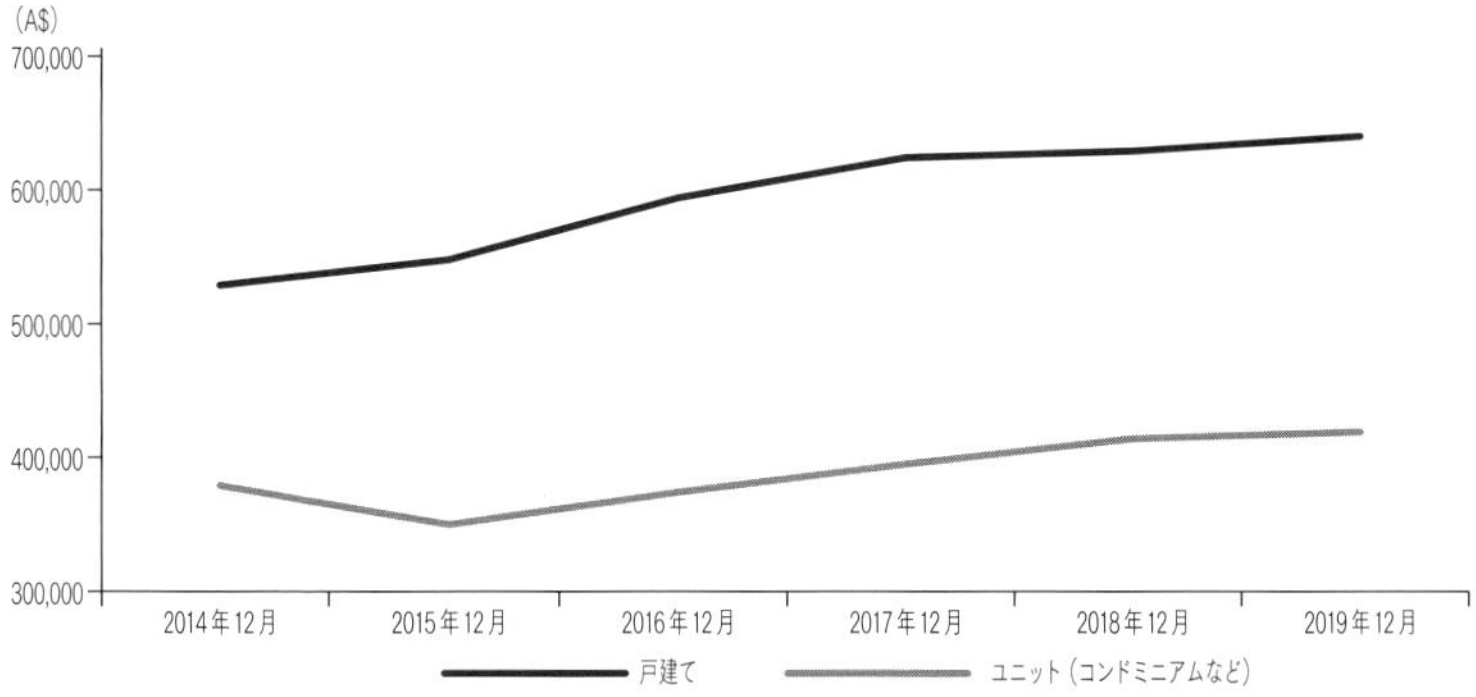

出典：クイーンズランド不動産協会（2020年）

図表4-2　過去20年間におけるゴールドコースト不動産の価格推移

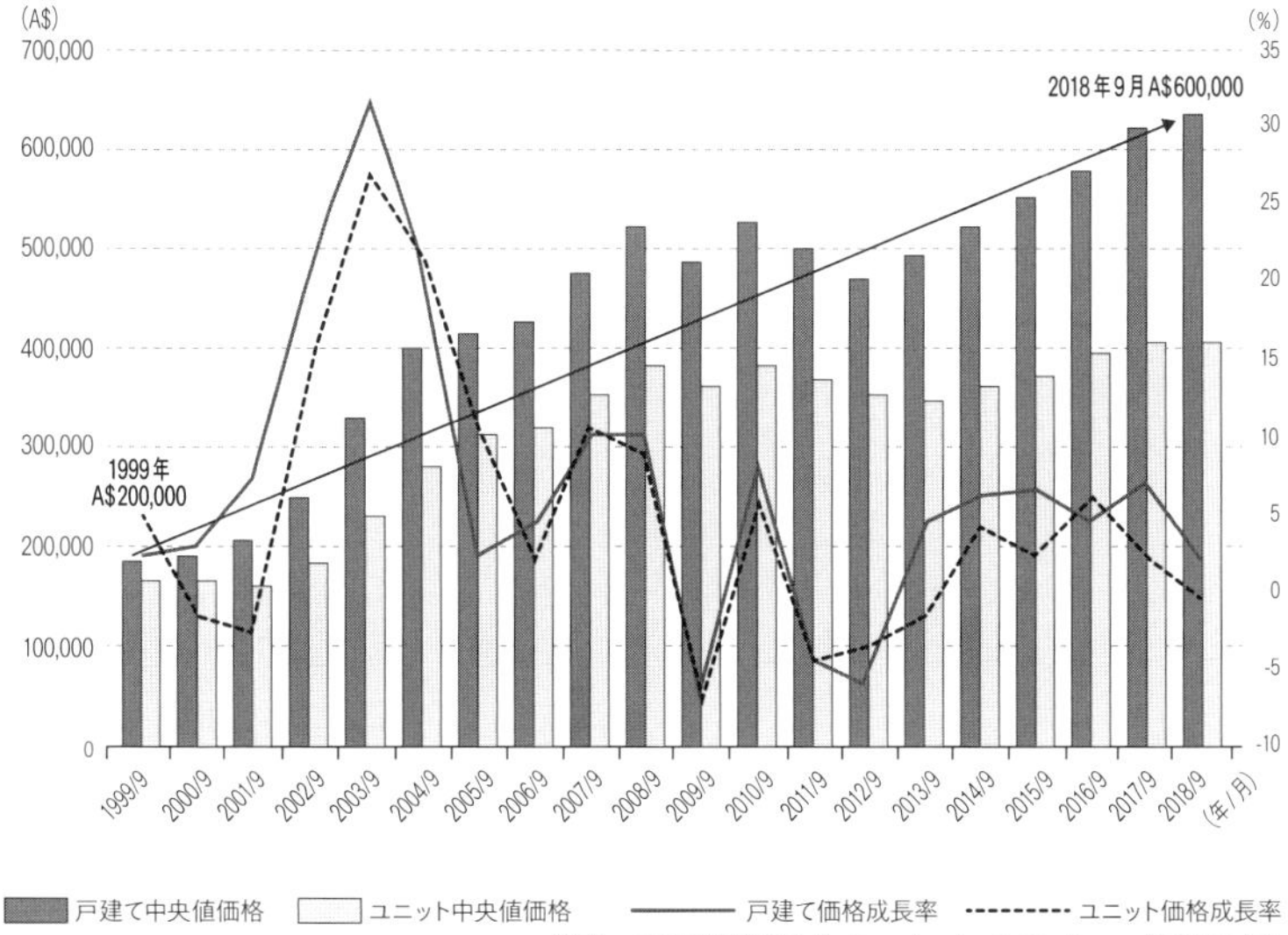

出典：不動産調査会社 Corelogic & Colliers（2019年）

その点において、「物件の利回りは……」と表面的な指標ばかりを強調する事業者には注意が必要かもしれません。本来であれば、単年度だけでなく、その利回りの裏付け要因や指標を見て不動産の良し悪しを判断する必要があります。

場合によっては、最も良い成績を収めている年度だけを評価対象にしていることも考えられます。たとえそうでなくても、できるだけ長いスパンでその不動産の成績を見ておかないと、本当に正しい評価というのはできないでしょう。

加えて、未来を予測するときには、大局的な視点も必要です。利回りを追いかけているだけでは見えてこないような国の先行き、経済状況、人口動態などから、本質的な不動産需要の推移が重要です。それらは、判断に欠かせないファクターとなります。

不動産業者が提示する収支予想というのも、その多くは利回りをはじめとする基本的な数値しか見ていません。なかには、空室率を加味していないものすらあります。そのような表面的な数値に惑わされることなく、より深い部分にまで目を向けておきましょう。

繰り返しになりますが、利回りは大事です。しかし、利回りだけを見て不動産投資を行うことは、厳に慎む必要があります。**きちんとリスクとリターンを把握して、堅実な投資を行うためにも、マーケット全体を見て最終的な投資判断をするようにしてください。**

そして、あまりに高利回りの物件に疑問を持つことも大切です。あらゆる投資は、リスクとリターンがバランスして成り立っています。不動産投資においても、高すぎるリターンはリスクが隠されていると考えるべきです。ぜひ、その点を踏まえておきましょう。

実質利回り3％でも、実利は10％を超えている

オーストラリア不動産の利回りについては、おおむね3％ほどで堅調に推移していると述べました。ただ、この「実質利回り3％」という数字をさらに掘り下げてみると、表面的な数字だけでは評価できないプラス要素があると分かります。

不動産投資を行うにあたり、得られる利回りを優先的に見る人もいるかと思います。確かに、一定のリスクを加味して資金を投じる以上、どのくらいのリターンが得られるのかを検討するのは大事です。ただし実際は、表面的な数字だけで判断できないことも多いのです。

例えば一般的な利回りには、不動産価値そのものの上昇分が含まれていません。つまり、「平均○%の利回りで運用できる」という点にフォーカスしている結果、売却時に得られる利益を加味することなく、その数字だけで物件価値を比べてしまっているのです。

本来は、売却時の物件価格も加味した上で評価しなければ、投資全体の正しい成果は測れません。その点において、表面利回り・実質利回りにのみ振り回される不動産投資は、総合的な視点に欠けていると言わざるを得ないでしょう。

前述したように、オーストラリア・ゴールドコーストの不動産価格は右肩上がりで伸びており、過去20年間において、実に3倍近く上昇しています。つまり、この価格上昇分をきちんと評価に加えなければなりません。

物件価格の上昇分を加味すると、ゴールドコーストの不動産は年利3%どころか、実質的には10％近いリターンをはじき出しています。しかも短期的にではなく、過去と現在、そして未来の状況を考慮してもそのぐらいのリターンを実現しています。

さらに、**ゴールドコーストでの不動産投資は、長期で見れば見るほど好条件**だと分かります。状況次第ではありますが、短期で売却してしまうのはもったいないかもしれません。やはり不動産投資には、トータルで捉える視点が大事なのです。

物件やマーケット、年度によっても若干の違いはありますが、平均して10％前後のリターンを実現できている国は、オーストラリアを除いてあまりないのではないでしょうか。特にゴールドコーストは有望です。

もっとも、未来を完璧に予測することはできません。いくら堅調なオーストラリア・ゴールドコーストでも、将来も確実に伸びるとは断言できないでしょう。ただ、最低賃金が法律で決まっているため、家賃が大幅に減額されることはなさそうです。

家賃が下がらないということは、物件そのものの価値も大きく下がらないということです。物価が安定していると景気も安定しやすいように、最低賃金を一定に保っていれば、家賃と不動産価格も安定化しやすいということです。

事業主などが最低賃金をごまかすケースなどもごくまれにありますが、そのような場合には厳しく罰せられています。オーストラリアは、最低賃金に対する視線が非常に厳しく、不正を正すための当局の介入や罰則を課すスピードも躊躇《ちゅうちょ》がないと感じます。そのことが労働意欲を上げる好環境となり、経済を底上げしているのでしょう。

いずれにしても、国内景気に支えられた家賃の安定性が、実質利回り3％、物件価格の伸びを加味した実利では10％にまで押し上げられているのがオーストラリアの市場です。なかでもゴールドコーストは、より望ましい運用が期待できる地域といえるでしょう。

高利回りを狙うなら店舗が「買い」

オーストラリアでの不動産投資において、より高いリターンを求めるのなら、コンドミニアムや戸建てではなく「店舗」を検討するのも一つの方法でしょう。ゴールドコーストにおいても、一般的な住宅ではなく店舗に投資することが可能です。

一口に店舗といっても、その種類はさまざまです。日用品や食品を販売している小売店もあれば、飲食店もありますし、銀行などが入っているテナント物件を購入することもできます。それこそ、住宅よりも多種多様です。

あるいは、連邦政府が入居している建物を購入することもできます。このような物件は入居元が盤石であるため、不動産投資家からも人気があります。やはり、確実に家賃を払ってくれる入居者の物件が望ましいのは、どこの国でも同じでしょう。

店舗系の物件は、入居している企業が倒産する可能性を考慮に入れておく必要があります。だからこそ、入居企業の健全性は重要で、連邦政府や銀行のように盤石な入居者が好まれるのですが、人気が集中し、物件価格も高い傾向があります。利回りも低くなるでしょう。やはり、リスクとリターンは比例しているのです。

飲食店などは、高いリターンが期待できる分、倒産や廃業のリスクもあります。いわゆる貸し倒れのような状況になってしまうかもしれません。短期的な経済状況の悪化で収入が得られず、家賃が払えないというケースも考慮すれば、ハイリスク・ハイリターンのテナントといえます。

しかも、経済全体が落ち込んでいるときには、次の入居者を探すのも大変です。同じような飲食店となれば、どの店舗も似たような状況に陥っていると考えられるため、しばらくは苦戦を強いられることでしょう。空室が続くこともリスクとなり得ます。

このように、**高利回りを狙える店舗物件には、高いリターンが期待できる反面、リスクもあります**。一般の住宅でローリスク・ローリターンを得つつ、合わせて店舗物件にも投資するなど、バランスを考慮して投資してみると無駄がないかと思います。


あえて付け加えておくと、店舗物件はテナントがいなければ家賃はゼロですが、一般住宅の場合、その可能性はほとんどありません。すでに述べているように、住宅需要は堅調に推移していますし、通常の物件であればすぐに入居者を獲得できます。

その意味においても、コンドミニアムや一戸建てなどの住宅に投資することは、資産の安定性や資産形成という観点から優れているといえるでしょう。何より、投資家本人がこの地のクオリティー・オブ・ライフを自身のものとして享受できるのは、住むことのできる住宅だけです。

たとえ1年のうち数週間の滞在だとしても、「この時間は、自分が人生で手に入れたかけがえのない豊かさだ」という満ち足りた思いを、この地に投資したすべての方が口にします。そして「ゴールドコーストに滞在していない時間まで、新たな価値観と幸福感で彩られるようになった」と話してくれます。

ちなみに、外国人投資家は居住用の不動産を中古で購入することはできないのですが、店舗の場合は規制がありません。そのため、店舗用の中古物件を安く購入し、運用することによって、高いリターンを実現することも不可能ではありません。

すでにテナントの入居や店舗用不動産に関して知見や経験を持っている人は、そのような物件に挑戦してみても面白いでしょう。思わぬ好条件で物件を運用できるかもしれません。余裕があれば、ぜひ探してみてはいかがでしょうか。

「安く買って高く売る」を繰り返すこともできる

安定的な資産形成を目指す不動産投資は、優良物件を購入して着実に運営し、家賃収入を獲得することにあります。ゴールドコースト流・不動産投資もまた、経済の伸びと人口の増加を背景に、そうした堅実な投資の実現に主眼が置かれています。

ただし、ゴールドコースト流・不動産投資では、そのような王道の運用方法以外にも、いわゆる「安く買って高く売る」手法を模索することも可能です。場合によっては、その繰り返しで利益を得ることもできるでしょう。

物件価格が上下しやすいハワイなどは短期間で価格上昇が起きやすいため、そうした手法が使いやすくなります。一方で、オーストラリア市場においても、マーケットが低調なときに物件が安く提供されるケースがあるのです。

例えば、景気が下火になっている状況で、現金を確保するべく不動産を売却したい人がいたとします。そうしたケースでは、往々にして物件価格が下がりやすく、また交渉もしやすくなる結果、比較的安く購入できるのです。

ただ、**中長期的に見ればオーストラリアの経済は堅調であるため、いずれは景気も元に戻ることが期待されます。そうなると、安く購入した物件を保有して賃貸に出したりしながら、物件価格が上昇してくるのを待ち、最終的に高く売ることもできるでしょう。**

このような手法は、オーストラリアの不動産に限ったことではありません。ただ、中長期的に資産を育てていけるオーストラリア・ゴールドコーストでも、同様の手法を模索することが可能ということを強調しておきたいと思います。

さらに付け加えると、オーストラリアの市場に精通すればするほど、現地ならではの動向が分かるようになります。つまり、オーストラリアでの不動産投資経験を蓄積し、市場の動向や商慣習にも精通すれば、さらにいい投資ができるようになります。

あらゆるビジネスに共通することですが、マーケットのことが分からなければ、いいビジネスはできません。不動産投資においても、いち早く経験を積んでおくことが、未来の利益につながります。その点、ゴールドコースト流・不動産投資はオススメです。

何よりも、利回りが安定している以上に、不要なリスクを避けることができます。物件の流れも早く、流動的なマーケットで売買ができるため、投資している間のリスクも軽減することができます。売却までの期間が短いことはまさにそうです。

多くの人は、オーストラリア、特にゴールドコーストの実情を知ると、「いいマーケットですね」「投資先として最適ですね」という感想を持たれるようです。つまり、知らないから投資していなかった、という人がたくさんいるのです。

掘り出し物のような物件が市場に出回ったときなどは、安く購入して賃貸に出し、しばらく保有して売却するだけでいい資産形成となります。背景となる経済が盤石であるため、さまざまなチャンスを取りにいきやすい環境があります。

事実、高額物件であっても、賃貸や売りに出すと地元の人がたくさん来ます。それだけ、不動産に対する注目度が高いことに加えて、市場が活性化しているのです。ゴールドコーストのような有望な地で、安く買い、高く売る方法を模索してみてはいかがでしょうか。

注意！　投資物件を購入して半年以上放置しておくと罰金

オーストラリアの不動産投資における利点を紹介してきましたが、注意点もあります。その代表として挙げられるのが、外国人投資家による不動産購入時の諸注意です。

日本でもそうですが、中国経済が大きく成長するにあたり、世界中にチャイナマネーが流れ込みました。その代表格が、不動産投資です。中国人投資家による不動産購入はさまざまな国や地域で行われており、オーストラリアも同様です。

チャイナマネーに対する姿勢は各国で異なっていますが、ことオーストラリアの場合、国土を守ろうとする意識が強いようです。そこで、中国人を含む外国人投資家の不動産購入に対して一定の規制をかけています。

不動産投資の観点から特に注意するべきことは、**不動産購入後、半年以上放置しておくと罰金が課せられる**というものです。これはかつて、シドニーやメルボルンで次々に不動産を購入した外国人投資家への対策として、購入するだけにさせないために作られた施策です。

　事実、外国人投資家の中には、不動産を購入してそのまま放置する人もいるようです。そのようなケースが増えれば増えるほど、オーストラリア国内には空き家が増えてしまいます。しかしそれは、本来の住宅活用とは異なっており、望ましい在り方ではありません。

　そうした状況を懸念した結果、オーストラリアでは、購入後にそのまま放置した場合のペナルティーが用意されています。空き家の状態で放置していることは、住宅の数を減らしていることと同様に捉えられ、国益を損なうとみなされるのです。ちなみに日本のバブル期にも外国人（当時は暗に日本人を指していました）による投機的な投資を抑制するために同様の施策が取られました。

　ペナルティーの内容は物件の購入価格によって異なりますが、概要だけ簡単に紹介すると、１００万豪ドル（約７５００万円）以下であれば５７００豪ドル（約43万円）の罰金です。物件価格が高くなれば、さらに罰金も高額となります。

　このような罰金を支払わないようにするには、**物件を賃貸に出すこと。つまり、住宅を市場に放出すればいいわけです。きちんと賃貸運営していれば、ペナルティーが**

与えられることもありません。要は、普通の運用をすればいいのです。

ちなみに、空き家かどうかを判断する指標としては、外国人が不動産を購入するときに関係してくる「外資審議会」によって調査されています。外資審議会に対して行った申請が税務署にも共有され、最終的に空き家かどうかの判断がされるのです。

例えば、私が外国人としてゴールドコーストの不動産を購入するとき、外資審議会に申請し、承認を得なければなりません。承認がなされた上で、その情報が税務署にも共有され、何ら家賃なども発生していなければ疑われることになります。

家賃収入がなければ、税務申告はしません。すると、賃貸運営をしていないと判断され「罰則が適用されるので支払ってください」と言われるわけです。そうならないよう、賃貸に出す必要があります。

賃貸に出し、入居者を得て家賃収入があれば税務申告することで、賃貸運営をしていると税務署が認識します。それはすなわち、国民の利益である不動産を適切に運営していると評価されることを意味します。そうなれば、ペナルティーはありません。

オーストラリアに進出したい企業が注意すべきこと

本書で紹介しているのは、個人の不動産投資家向けですが、なかにはオーストラリアに進出したい企業の方もいるかと思います。かつてバブル期には、多くの日本企業がオーストラリアに進出してさまざまなインフラを構築し、その名残が今もオーストラリア各地に残されています。今後、そのような動きが再び生じるかもしれません。

実際、日本の不動産業者がオーストラリアに進出しようとする動きも出てきています。すでに、いくつかの大手企業がオーストラリアに拠点を構えるなど、水面下で活動が広がっています。日本式不動産ビジネスの知見とノウハウを生かし、事業をする人も増えていくでしょう。

確かに、日本の不動産業者はレベルが高いと思います。宅地建物取引士の試験はもちろん、その他の国家試験も難易度が高く、免許制度に関しても厳格に定められています。オーストラリアのように、一般の人が宅地開発できるわけではありません。

一方でオーストラリアは、州ごとに不動産の免許が用意されているものの、日本ほど細かく規定されているわけではありません。ビジネス感覚は優れているかもしれませんが、技術力や知識の繊細さに関しては、日本人が勝っているところも多いのです。私自身、日本の宅建士の資格はもちろん、不動産コンサルティング技能試験にも合格しているのですが、知識だけでなくノウハウや経験も求められるため、難易度は高いと思います。

そのような下地があることを踏まえて、日本国内での経験を生かし、オーストラリアに進出するのはいいことだと思います。むしろ、現地とは異なる知見やノウハウを活用すれば、新しい市場を開拓することも可能かもしれません。

ただし、日本のやり方をそのままオーストラリアに持っていってもうまくいきません。「郷に入っては郷に従え」という言葉があるように、オーストラリアにはオーストラリアの商慣習があります。それを踏まえておかないと、商売は成功しません。

例えば、専門業者が縦割りであることが挙げられます。縦割りというのはつまり、専門業者がそれぞれ別に作業しているということです。日本のように、グループ会社が一気通貫で作業したり、横のつながりが重視されたりするわけではありません。

これは、物件の建築や販売だけにいえることではありません。税金や法律関係など、すべての業務において専門業者が別々に存在しています。都市計画であれば都市計画の専門業者がいますし、居住用であれば同様に専門業者がいます。

それがオーストラリアの商慣習です。つまり**各分野の専門家の意見などを横断的に理解し、取りまとめ、運用することが大きなポイント**となります。それを知らずにオーストラリアで不動産業を営もうとすると、うまく連携を取ることができず、苦労することになります。やはり、あらかじめどのような専門業者がいるのかを把握しておくことが肝要でしょう。

そのように現地でビジネスをするのなら、オーストラリアの実情を知っていなければなりません。無理に本国の責任者を現地に派遣してもうまくいくとは限らないのです。失敗している企業の多くは、現地の人材をうまく活用できていないところに問題があるのかもしれません。

第5章

いい物件選びは事前準備が9割

いい物件は即決で買う！ 前もって購入の準備をしておこう

本章では、実際にゴールドコーストで不動産を購入する際の注意点やポイントについて見ていきましょう。そのカギは事前準備が握っています。

不動産投資の基本は、いい物件を選んで購入し、その物件を賃貸に出して運用しながら、最終的に売却して利益を得ることにあります。そうした一連の流れを経て、投資した資金を着実に増やしていくこと、ひいては資産を拡大していくことが目的となります。

特にゴールドコーストの不動産であれば、購入した物件を自分で活用することによるクオリティー・オブ・ライフの向上も期待できます。資産形成をしっかりと実現しつつ、人生そのものを豊かにするのが、ゴールドコースト流・不動産投資の利点です。

その点で最も重要なのは、やはり入口の段階でいい物件を見つけることでしょう。

いい物件の条件としては、

・**適切な価格で購入できること**
・**問題なく入居者を獲得して、堅実な賃貸経営ができること**
・**タイミングを見て、高値で売却できること**

などが挙げられます。

ただ適当に物件を探しているだけでは、いくらゴールドコーストでもいい物件に巡り合えるとは限りません。やはり最初の段階で、ある程度は戦略的に動けるよう準備しておく必要があります。少なくとも、どのような物件をいつ購入するかは決めておくべきです。

実際に物件を探し始めてみると、思わぬ掘り出し物に出会わないとも限りません。そのときに、いつでも意思決定できる準備を進めておかないと、せっかくのいい物件を逃してしまうことになるでしょう。だからこそ、準備を進めてからスタートすることが大切です。

ゴールドコーストの不動産に限らず、不動産投資には競争原理が働きます。条件のいい物件を他人より早く購入できなければ、望ましい投資はできません。購入したい物件があれば、すぐにでも意思表示をし、契約締結まで進まなければならないのです。

物件を見つける際のきっかけは、ほぼ一般情報として提供されている広告のみです。広告を見ながら物件を精査しているときに、自分の中で明確な基準を持っていないと瞬時に判断できません。基準があれば、すぐに購入へと進めます。

重要なのは「いい物件を見つけたら、取りあえず買う」こと。つまり、すぐに商談を進めていくべきということを意味します。不動産会社に連絡を取り、ある程度は決め打ちをして交渉していきます。

こうした活動は、いわゆる「停止条件」を付けるために行います。停止条件とは、契約の締結に際し、一定の条件をクリアすればそのまま契約の効力が発生するという、一種のルールのようなものです。その停止条件を付けるために、話を進める必要があるのです。

あらかじめ不動産会社と商談を進め、自分の中で決め打ちしておけば、他の投資家に物件を先取りされる心配がありません。つまり、いい物件があったらまず買うこと。それが、オーストラリアで不動産投資をする際のポイントです。

オーストラリアの不動産業者も、決してのんびりしてはいません。商談を進めない以上、他の購入者から打診があればそちらに売ってしまいます。それを防ぐために、最初に話を進めておき、優先的に購入できるよう準備しておきましょう。

購入資金は現地の銀行口座に入れておく

物件の購入資金については、現地の銀行口座に入れておくのが鉄則です。ゴールドコーストで不動産投資をするのであれば、現地見学などの際に、オーストラリアにある銀行の口座を開設しておくといいでしょう。取引の際にも便利です。

もちろん、海外取引に対応している銀行であれば、必ずしもオーストラリアの銀行でなくても不動産投資は可能です。ただ、現地に来てみると分かりますが、オーストラリアではパスポート一つで口座を開設することができます。面倒な手続きや手間もありません。そのため、オーストラリアに口座を作り、そこに送金してお金を貯めておけば、管理も楽になるでしょう。

事実、日本人の投資家の中には、ゴールドコーストの物件に投資するべく、オーストラリアの銀行に口座を持っている人が少なくありません。中長期にわたってオーストラリアで不動産投資をするのであれば、口座を作っておいた方が便利だからです。
それは取引に関連する事柄だけでなく、オーストラリアで投資した資金を明確に区別して管理するという点でもいえることです。投資する原資を蓄積するために、少しずつ日本円を豪ドルに変えておけば、いざというときもすぐに動けるでしょう。

私は、オーストラリアでの不動産投資に関心があるのなら、まず豪ドルを買うようにしてくださいと伝えています。あらかじめ豪ドルを買って、一定額を蓄積しておき、物件購入の準備を進めておくのです。もちろん、為替の状況を見ながらです。

日本人投資家の中にも、ゴールドコーストに注目している人は少なくありません。そのような人から問い合わせをいただくたびに、豪ドルの準備をしながら、物件が出てきたらすぐ動けるようアドバイスしています。そうすることで、後々の手間を省けます。

どうしてもオーストラリアの銀行口座を作りたくないという人は、無理に開設しなくても構いません。実際に、海外投資家の方で、そのまま現金を持ち込んで不動産を購入する人もいます。ただし、セキュリティーなどの問題からオススメはできません。

もっとも、取引相手の不動産業者としては、購入する資金があることを示すと安心してくれます。口座残高でも現金でもいいのですが、そのような資金力を提示すれば、交渉もスムーズに進みます。交渉の一手法といえるでしょう。

聞いたところによると、ハワイでは、不動産を購入するときにその金額に見合う現金か流動資産を見せないといけない場合があるそうです。オーストラリアでそういったことはありませんが、交渉をスムーズに進めるために活用することもできます。

購入資金については、契約者から売り主側（厳密にいうと弁護士の信託口座）に直接振り込むこともできます。現在オーストラリアの銀行で、日本でリテール業務を展開しているのはオーストラリア・ニュージーランド銀行のみのようです。不動産投資のための豪ドル送金は、日本の銀行とオーストラリアの銀行を比較してみるのも良いかもしれません。

とにかく予算については、必ず事前に開示するようにしてください。予算額を提示しなければ交渉が進まず、商談に至りません。融資を受ける場合も同様で、どのくらいの予算なのかを明らかにし、購入できる物件の価格帯を見極めていきましょう。

自己資金については、少なくとも3～4割は用意しておきたいところです。物件にもよりますが、物件確保時に「申込金」というかたちで2000～5000豪ドル求められる場合もあります。申込金は停止条件となり、購入しない場合は戻ってきます。

その後、新築物件の場合は購入額の10％を手付金として求められます。一方で中古は5～10％の手付金となります。いずれの場合も停止条件で、購入しない場合は戻ってきますし、購入する場合は購入額に充当されます。

物件は、ほぼ100％不動産会社を経由して市場に出る

ゴールドコーストの物件は、ほぼ100％不動産会社を経由して市場に出ています。

オーストラリアでは、不動産業者とは仲介業のことを指します。詳しくは後述しますが、これはつまり、日本でいうところの「川上物件」や「川下物件」などは存在していないことを意味しています。あくまでも、不動産会社経由が基本です。

そもそも日本でいう川上物件とは、特定の不動産業者が特定の売り主から直接仕入

れることで、中間価格が上乗せされていない状態のものを指します。不動産業者のやりとりが見えにくい日本では、そのような川上物件を独自に仕入れ、利ざやを獲得している業者も多いのです。

一方、川下物件とは、中間価格が上乗せされた後の不動産を指します。場合によっては、複数の業者の利益が上乗せされているため、価格としては高額になりやすく、不動産投資家としての利益も少なくなります。日本の個人投資家はこちらが主流かと思います。

どこで不動産投資をするにしても、より多くの利益を得ようとするのは当然です。その点でいえば、マージンが上乗せされている川下物件のみで勝負していると、中長期的に不利であることは間違いありません。日本の市場には限界があるわけです。

しかしオーストラリアであれば、不動産業者が横のつながりを生かして川上物件を独占するということはありません。**すべての情報が不動産会社を通じて流れてくるため、誰もが同じ条件で物件情報を入手し、公平に投資することができるのです。**

お得意先や人と人とのつながりを優先したい日本人の発想も理解できますが、やはり不動産投資で好成績を収めたいのなら、公平に情報を入手できる市場で勝負するべきかと思います。その点において、オーストラリアはフェアであるといえます。

日本との違いという点で付け加えると、日本にも不動産会社（仲介会社）の大手企業があるように、オーストラリアにもそうした会社はあります。ただ、日本人が会社名で事業をしているのに対し、オーストラリアでは営業担当者、個々人が経営者のように立ち回っています。

そのため、いい仲介会社というのは人を見ればすぐに分かります。**会社名を見るのではなく、営業担当者の対応をチェックしておけば、それだけでいい会社かどうか判断できる**というわけです。その点は、日本とは異なっているかもしれません。

例えば、電話での話し方や物件の紹介、どのような情報を積極的に見せてくるのかによって、相手がどのような人なのか分かります。誰でも不動産仲介業者になれる国であるだけに、会社ではなく人を見て判断することは重要といえるでしょう。

余談ですが、オーストラリアでは不動産業法と免許取得方法は各州で異なります。日本のように全国統一ではないのです。以前は、クイーンズランド州では不動産業を営むためには専修学校に行って資格を取得し、2年間の実務経験を経て初めて営業免許申請ができたのですが（私もそうしました）、現在は規制緩和が進み、資格を習得すれば実務経験を経ることなく不動産免許を申請できるようになりました。

その結果、新しい事業者や起業家が不動産業に参入し、市場が活発化しています。一方で競争も激しくなっているため、いい業者が残り、そうでない業者は淘汰《とうた》されています。

担当者の見極めとしては、免許の有無はもちろん、セールスマンとしての対応能力を見るようにしてください。繰り返しになりますが、いい不動産業者の見極め方も、不動産投資を成功させるために重要な要素となります。

コンドミニアムと一軒家、どっちが得か？

ゴールドコースト流・不動産投資の基本は、居住用のコンドミニアムや戸建てに投資することにあります。前述したとおり、店舗が入る商業系不動産を購入することも

第5章

できますが、ハイリスク・ハイリターンとなるため、やはり居住用がベースです。

そのときに気になるのが、コンドミニアムと戸建て、どちらがより得なのかという問題でしょう。いずれの物件もマーケットでは取引が活発に行われており、細かく比較すると、どちらにも投資するべきそれぞれの理由があります。

コンドミニアムは、高級ホテルのような設備と外観を備え、併設されたプールなども使えるという、まさにリゾート地にうってつけの物件です。ゴールドコーストの美しい眺望も楽しめるため、マンションが好きな方にはこちらがオススメでしょう。

一方で戸建ては、広い土地に庭が併設されており、広々とした空間を十分に活用することができます。ゴールドコーストに限らず、オーストラリアの物件は緑に囲まれているため、自然を感じながら日々を過ごしたい人にも向いています。

そのように、**コンドミニアムと戸建てには違いがあり、どちらが得というよりは、好みに応じて選ぶのが基本となります**。無理に「どちらが得か」「どちらが儲かるか」と選別するより、ご自身の投資の目的を明らかにした上で判断するべきです。

繰り返しになりますが、ゴールドコーストの不動産はコンドミニアムも一戸建ても、どちらもオススメです。条件や活用方法の違いはありますが、中長期的な運用を見越した不動産投資の原則から考えると、投資条件はいずれも優れています。

ただ、一戸建ての場合、土地を購入して建物を建てるところから着手することもできるので、より利回りを高めるなどの工夫も可能です。いわゆる開発案件ですが、そのような工夫ができるという点は押さえておくべきでしょう（詳しい手法は後述します）。

強いていうと、一戸建てに入居するのはファミリーが多くなります。そのため、入居期間も長くなりやすく、賃貸経営としては安定化しやすいのですが、自分が使いたいときにすぐ使えるとは限りません。頻繁に使いたい人は注意が必要でしょう。

そうしたマイナス面がある反面、中長期的には物件価値が向上しやすく、半年や1年などの期間にわたって入居者を確保しておけるのは強みです。入居者に庭や敷地内をきちんと管理してもらえば、物件価値を下げることなく運用できるでしょう。

以上のように悩ましいところではありますが、私自身としては、ゴールドコースト流・不動産投資においてクオリティー・オブ・ライフの向上も実現してもらいたいと考えています。そうなると、自分で使うことも考慮するべきだと思います。

事実、オーストラリアに訪れる人の多くは、純粋に投資目的であったとしても、最終的には「自分でも使いたい」と考えるようになります。やはり、クオリティー・オブ・ライフも含めてこその、ゴールドコースト流・不動産投資なのです。

管理やメンテナンスが煩わしいと考え、最終的に一戸建てではなくコンドミニアムを選択する人もいます。自分が使うこと、そして管理面の良さなどを考慮に入れて、まずはコンドミニアムから投資してみるというケースも多いといえます。

将来値上がりする立地選びのコツ

成長性やポテンシャルの点で有望のゴールドコーストですが、将来的に値上がりする立地選びのコツなどはあるのでしょうか。

実は、基準として押さえておきたい〝あるもの〟があります。果たして、そのあるものとは何だと思いますか？

図表５－１　ゴールドコーストで人気の立地

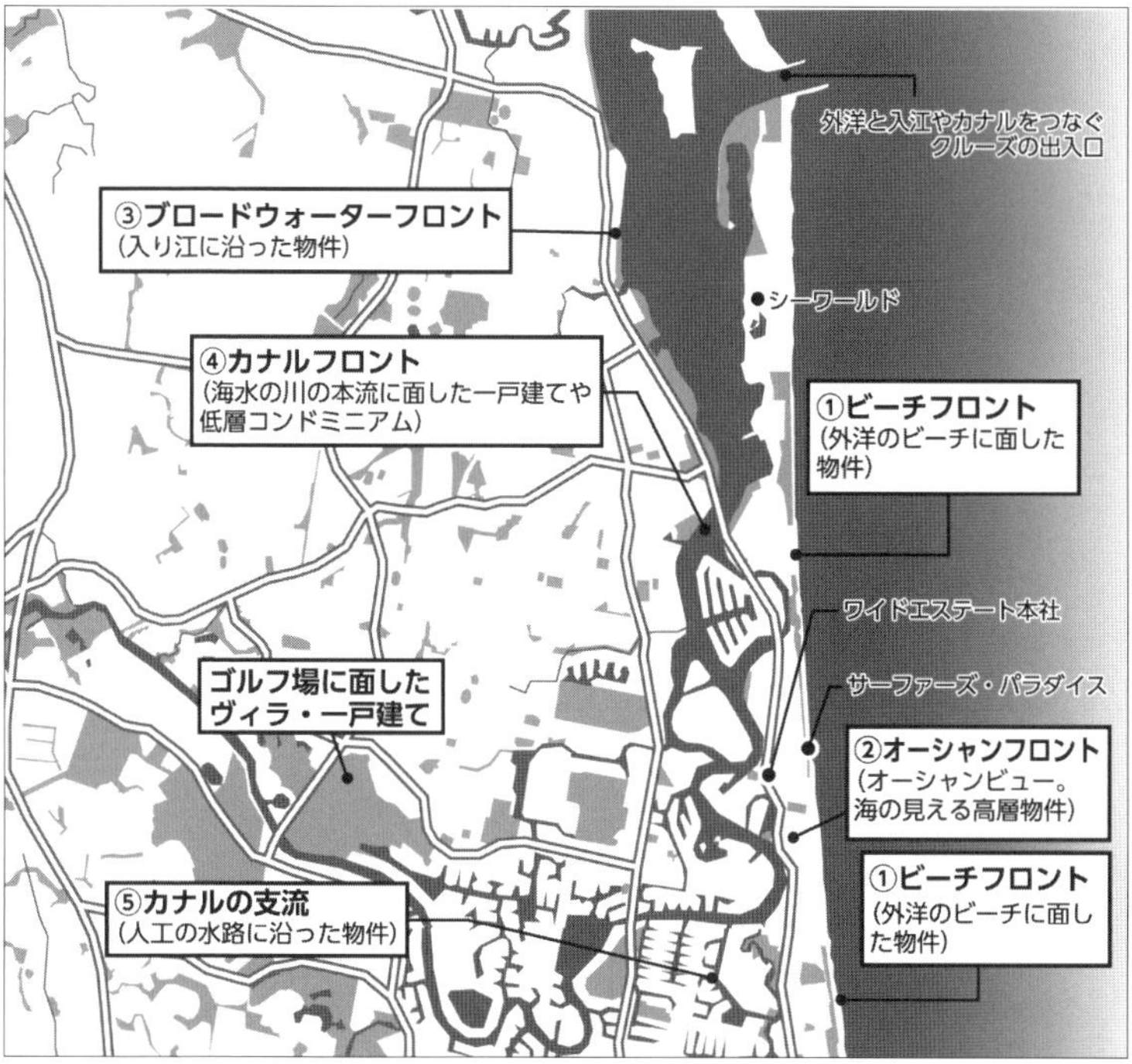

外洋と入江やカナルをつなぐ
クルーズの出入口
③ブロードウォーターフロント
（入り江に沿った物件）
シーワールド
④カナルフロント
（海水の川の本流に面した一戸建てや
低層コンドミニアム）
①ビーチフロント
（外洋のビーチに面した
物件）
ワイドエステート本社
サーファーズ・パラダイス
ゴルフ場に面した
ヴィラ・一戸建て
②オーシャンフロント
（オーシャンビュー。
海の見える高層物件）
①ビーチフロント
（外洋のビーチに面し
た物件）
⑤カナルの支流
（人工の水路に沿った物件）

第５章

答えは「水」です。ゴールドコーストはその地名どおり、60キロにも及ぶ、太陽の光あふれるビーチがどこまでも広がっている土地です。海の見えるコンドミニアムや、水辺の戸建て住宅は人気の的となっています。

その中でも、人気のあるエリアには順番があります。特に価値が高いとされている順に紹介しましょう（図表5－1）。

①ビーチフロント（外洋のビーチに面した物件）

外洋のビーチに面して立ち並ぶ海岸沿いの物件です。ハワイには、ビーチフロントの新築コンドミニアムがほとんど存在しません。そのため、ビーチフロントのコンドミニアムを求めるのならゴールドコーストがオススメです。

ビーチに面している物件は中層のコンドミニアム、一戸建て、ビラタイプが主流です。敷地がビーチに面していますので、そのまま裏庭からビーチに出ることができます。ゴールドコーストでは最高級の物件となり、戸建てにおいては3億～15億の値段で取引されています。

②オーシャンフロント（オーシャンビュー。海の見える高層物件）

ビーチフロント物件の道路を挟んで反対側またはそれより少し陸側に位置し、オーシャンビューともいわれる物件です。ゴールドコーストは、ハワイと違って高層制限のない地区があるため、中には80階建てのコンドミニアムもあります。80階建てのコンドミニアムから眺める景色は格別で、海、街、山など、さまざまな眺望を堪能することができます。

高層階の物件が多く、新築物件は４０００万円台で購入できます。

③ブロードウォーターフロント（入り江に沿った物件）

外洋から陸側に入り込んだ海沿いの物件です。外洋ではないので波がなく、一年中穏やかな海を眺めることができます。ここ数年は特に人気が高まっており、人気に比例して価格が高くなっていますが、おおむね４０００万円規模から買えます。

ちなみに私の故郷である沖縄の人は、このタイプの物件を希望されることが多いです。海の感じに、沖縄に似たところがあるからかもしれません。

④カナルフロント（海水の川に面した一戸建てや低層コンドミニアム）

ゴールドコーストを空から見ると、ブロードウォーターの入り江から内陸に向かって「カナル」とよばれる大河が網の目のように広がっています。これは自然の海水の川に護岸工事をしたものですが、日本人がカナル（＝運河）と聞いてイメージする景観とは全く異なります。自然環境に慎重に配慮して護岸されたもので、イルカの集団が魚の群れを追って入ってくることさえあります。その両岸に並ぶ物件は、やはり人気があります。

最大の特徴は、庭先に桟橋を設置して、そこに自分の船を横付けできることでしょう。小舟から大型ヨットまで、どんな船でもＯＫです。自宅からクルーズ船を出し、ブロードウォーターを通って外洋に出ることもできます。

⑤カナルの支流（人工の水路に沿った物件）

「カナルの支流」は、掘って造った人工の水路です。入り江から遠く、その上、船のスピード制限があるため、海に出るのに時間がかかります。反面、ウォーターフロントとして比較的安価で買えるところがポイントです。

水路の幅によっては庭に直接、船を横付けできない宅地もありますが、それでも庭先に水の景色が広がっている環境はとても素晴らしく、そのような条件を好んで買われる人も多くいます。

その他にも、湖に面している建物、ゴルフ場のフェアウェイや公園に面している建物などは非常に人気で、需要に応じて価格が上昇しています。

予算が潤沢であればそれだけ選択の幅も広がります。物件の価格はピンキリですが、まずは3000万～4000万円を目安に物件を探し始めてください。

たとえ予算オーバーで、豪華な物件を持てなくても、いい環境の近くの物件を買えば、同じ楽しみを享受できることは言うまでもありません。そういう意味では、ゴールドコーストのどこの物件を買っても、こうした環境が「ご近所」で手に入ります。必ず希望に近い物件が見つかるでしょう。

私は、物件選びを「どんなライフスタイルを描くかがポイント」とアドバイスしています。「毎日、ビーチに出て歩きたい」「外洋を見ながらのんびりしたい」「魚釣りをしたい」「船を持ちたい」「ゴルフをしたい」……など、人によって希望は異なります。

このような**理想のライフスタイルを実現できる家が、あなたにとっての最良の物件**です。これは、オーストラリア人も同じで、それぞれの夢の生活を求めてゴールドコーストに集まってきます。

最初から満足する物件を手に入れられなくても、手持ちの物件が値上がりしたら売り、その利益を足してより理想に近い物件に近づいていく。そのように、オーストラリア人の住居はどんどんステップアップしていきます。

そして数年後には、理想の家に間違いなく住めるようになっていくのです。

高利回りの収益不動産の見つけ方

補足として、高利回りの収益不動産を見つけるためのポイントについても言及しておきたいと思います。その前提として、コンドミニアムや一戸建てなどの「居住用物件」と、店舗やオフィスが入る「商業物件」についておさらいしておきましょう。

コンドミニアムや賃貸用住宅など、レジデンスといわれる住居用不動産の利回りは、実質利回りで2～3％です。ただ、最終的に売却することを考慮すると、物件価格の上昇分が加味されるので、実態としては10％前後の利回りも見込めます。

一方、店舗やオフィスなどの商業物件は、実質利回りで5～6％となります。さらにそこには「中古物件が買えない」という規制がかかりません。投資対象としては非常に入りやすいため、高い購入益を求める方にはオススメです。

ただし、あらゆる投資はリスクとリターンが相関関係にあります。この点は非常に重要なので、何度でも強調しておきたいのですが、**居住用がローリスク・ローリターン、商業物件がハイリスク・ハイリターンになりやすい**点は、きちんと把握しておきましょう。

さらに、居住用物件の利回りは2～3％ですが、空室率が1・8％と極めて低いので、借り手が見つからずに遊ばせておくという期間はほとんどありません。一方で商業物件は、入居者が出てしまって次の借り手が見つかるまでの間、家賃収入がないこともあります。

さて、商業物件は不動産業者に物件情報がリスト化されているので、その中から優良物件を選びます。物件選びのコツはたった1つです。投資分野に長《た》けたコンサルティング会社といいパートナーシップを結んでおくこと。それに尽きます。

居住用でも商業用でも、現地の不動産事情に精通したパートナーとともに投資先を見つけることは、海外不動産投資の鉄則です。その国の事情や地域、エリアの特色を十分に理解しておかなければ、本当にいい物件は見つけられません。

居住用と商業物件の違いはこれまでにも述べてきたとおりですが、それらに加えて、**商業物件よりもっと儲けたいという人にオススメなのが「プチ開発」**という方法です。その概要を説明する前に、中古物件についてもおさらいしておきましょう。

すでにお伝えしていますが、外国人投資家は居住用の中古物件を購入することができません。商業用物件であれば問題ないのですが、居住用の中古は規制がかけられているため、居住用は新築が基本となります。

新築の場合、安定的な賃貸運営ができる反面、短期間で大きな収益を上げるのが難しい側面もあります。ただ中には、より高い収益性を求めてチャレンジしたいという人もいるかと思います。そのような人にオススメしたいのが、このプチ開発です。

開発といっても、いわゆる日本のゼネコンが行っているような大規模なものではありません。任意の土地を購入して複数の建物を建て、それを販売するという小規模なものです。規模が大きくないため、個人投資家でも無理なく参入することができます。

日本では、土地を仕入れて上モノ《うわ》を建てて売る事業は不動産業者しかできません。しかしオーストラリアでは、特別な資格なども必要なく、個人レベルで行えます。土地を仕入れて建物を建て、運用することによって利回り15〜20％も夢ではありません。

ちなみに商業系の投資においては1億円以上、プチ開発においての予算は2億円以上を目安として考えた方がいい案件に巡り合える確率が高くなります。

冒頭からご紹介してきた「土地を購入して家を建て、賃貸に出す（または自分で使う）」方法に比べて、プチ開発は「土地を購入して複数の家を建て、建売住宅として販売する」ため、2億円以上が目安となるわけです。

政府が家賃保証をしてくれる物件の落とし穴

居住用の特殊な物件として、中には政府が家賃保証をしてくれるものもあります。どのような物件なのかというと、オーストラリアの連邦政府が軍のために借り上げているタイプのもので、入居者は軍人などの軍関係者や政府関係者です。

例えば国防省が借り上げている物件は、10年以上にわたって利用されています。それだけの期間、安心して賃貸運用ができ、かつ相手が国であるため支払いに関しても問題ありません。実に、盤石な投資先といえるでしょう。

物件の取引や管理をしているのは、国防省の中にある不動産部門です。したがってオーナーは安心して貸せるのですが、手数料が高めなので注意が必要です。人気が集中しやすい点も考慮しておくべきでしょう。

すでに紹介しているように、居住用に関しては、外国人投資家が中古物件を購入することはできませんが、このような公的機関が入居する物件であれば買える場合もあります。要は、国益に沿った活用であれば認められやすいわけです。

もちろん、そのような中古物件を購入したら、粛々と政府機関に貸し出さなければなりません。一般の居住用にすることはできないため、後で柔軟な使い方を考案しようとしても、それは不可能であると肝に銘じておきましょう。

安定的に賃料が得られるという点で優れている政府系の家賃保証物件は、メリットは大きいのですが、検討を進めていく段階で、やっぱり自分のライフスタイルを優先しながら物件を活用したいと思うこともあるかと思います。事実、ゴールドコーストで投資する方はそのような人が大多数です。

特に、ご夫婦で相談に来られる方の多くは、奥さまが「自分たちも利用できて、管理も柔軟なコンドミニアムがいい」と希望を口にされます。日本のマンションとは異なり、広々としていて、それでいてホテルのように豪華だからでしょう。

純粋な投資として考えている場合でも、実際に現地を見て、物件に触れながらイメージを膨らませていくと、意見は変わっていくものです。金銭的な部分だけでなく、体験や経験に紐づく価値について思いを馳せたとき、要望も変化します。

大事なのは、自分が本当に求めている物件を見つけ、満足のいく投資と人生を実現すること。その先に、資産形成を達成できるのがゴールドコースト流・不動産投資です。

第6章

不動産を買うときは、弁護士が重要な業務を代行

フローチャートで分かる不動産選びから契約締結までの流れ

第6章では、ゴールドコーストで不動産を購入する際の手順について詳しく見ていきましょう。まずは、物件を購入するときの流れを図表6－1のフローチャートで確認していきます。どのような工程を経て不動産を購入するのか、イメージを膨らませてみてください。

ここからは、フローチャートに沿って説明をしましょう。

①購入目的の検討

最初に、どのような目的でゴールドコーストの不動産に投資するのかを考えます。この段階で目的を明確にしておかないと、物件選定に一貫性が持てません。イメージを固めるためにも、購入目的を明確にしておきましょう。

不動産投資をする方の多くは、資産形成が目的の中心かと思いますが、短期的に資

図表6 1 物件を購入するときの流れ

①購入目的の検討

・投資の目的：ライフスタイル重視／純粋に投資のみ

・資産形成する際の視点：短期的／中長期的

↓

②種類の選定

・居住用：コンドミニアム、戸建て（デュープレックス、タウンハウス、ビラ）、プチ開発

・商業用

↓

③物件の視察

・物件選び（要望を伝える）

・視察（日本にお住まいの場合は、ビデオ会議のアプリなどを使って物件視察も可能）

↓

④物件購入の意思表示と申し込み

・申し込み：物件詳細の確認、名義検討、特約検討

・内金支払い

・契約書の発行

↓

⑤売買契約の締結

・弁護士事務所による契約条件の確認

・買主によるご署名・売主によるご署名＝契約締結

・手付金の支払い

↓

⑥物件の引き渡し

・ライフライン開設（家具は一括依頼可。電気、電話回線、ネット接続の申し込み）

・その後の物件管理（必要に応じて各分野の専門業者がいるので安心）

産を大きくしたいのか、中長期的な視点で資産形成をしたいのかによっても物件選定は変わってきます。最初の段階で決めておいてください。

②種類の選定

目的に応じた物件の種類を選定していきます。大きな括《くく》りとしては、居住用と商業用があり、居住用にはコンドミニアムと一戸建てがあります。それぞれの違いについては前述したとおりです。目的に応じて、自分に合った物件を選定するようにしましょう。

ちなみに、居住用で主流となる物件をより細かく分類すると、次のように分けることができます。参考までにチェックしておきましょう。

・コンドミニアム＝マンション
・デュープレックス＝2戸一棟の住宅
・タウンハウス＝1〜2階建ての連棟式集合住宅
・ビラ＝平屋の連棟式集合住宅
・ウォーターフロント＝水辺に面した物件

図表6－2　外国人投資家が購入できる物件

購入できる物件	12ヶ月未満査証（観光査証等）	12ヶ月以上査証（就労・学生査証等）	永住権
計画中（プレビルド）または新築物件	○	○	○
不動産開発業者の開発物件で外資審議会（FIRB）より外国人に売却する許可を得ている完成物件	○	○	○
政府より総合観光リゾート法（ITR）の適用を受けているリゾート特区内の物件（中古物件を含む） 例サンクチュアリコーブリゾート、ホープアイランドリゾート、ロイヤルパインズリゾート	○	○	○
宅地（更地）	○ FIRBの物件取得承認から4年以内に家屋の建築が竣工していることが条件		○
中古物件	×	一定条件を満たすことで取得可能※	○

※購入が住居目的であること。査証が失効しオーストラリアを出国後、3ヶ月以内に売却することが義務付けられています。

・ゴルフフロント＝ゴルフ場のコースに面した物件

すでに紹介しているとおり、外国人投資家が購入できる物件には規制がかけられています。こちらもまとめて確認しておきましょう（図表6－2）。

③物件の視察

投資の目的とそれに沿った要望を踏まえて物件を選び、不動産業者を伴いながら視察を進めます。その際にはあらためて「購入後の用途」や「予算額」の確認をしておきましょう。

ちなみに、物件販売員や不動産会社

に案内された後、不動産業者を選ぶことはできません。これを「レジスター制度」といいます。先に見込み客を案内した業者がその後の交渉権を得ることになるため、業者選びは慎重に行いましょう。

④物件購入の意思表示と申し込み

物件が決まったら、購入の意思表示と申し込みを行い、実際の契約に至ります。物件の地番や部屋番号、価格、名義、特約、開発主、さらには法的な内容の確認まで怠らないように注意しましょう。

⑤売買契約の締結

購入の意思表示の後、契約書の発行と弁護士の確認を経て、最終的な契約締結となります。手付金の支払いは法律事務所が指定する信託口座で行い、必要な費用などの精算額が計算された後、残金の支払いを含めて入金作業を進めていきます。

図表6－3　弊社（株式会社ワイドエステート）のサポート

①購入目的の検討
～
②種類の選定

・購入のオリエンテーション（初期の面談）
・お客様のご要望の聞き取り
・推奨物件のご案内
・視察物件の決定

↓

③物件の視察

・候補物件の視察
・視察後の各物件のまとめ、新たなご要望の聞き取り
　→仮に候補物件がない場合、再度推奨物件のご案内
・購入候補物件の検討および絞りこみ
・購入候補物件の決定

【購入候補物件の選定中】
・候補物件の再視察
・候補物件の購入経費＆維持費の確認
・候補物件の売買歴、近辺の売買事例の検討
・候補物件の購入条件の検討＆決定

↓

④物件購入の意思表示と申し込み

【購入候補物件の決定後】
・オファー（指値）＆売買条件の取りまとめ（書面または売買契約書にて）
・売り主へのオファーの提示
・売り主との交渉＆経過報告

↓

⑤売買契約の締結

・最終合意条件の確認
・売買契約書へのご署名＆契約締結

【売買契約締結後】
・弁護士からの売買に関する書状の説明
・売買契約成就のための各種手配
・弁護士＆売り主との定期的連絡

↓

⑥物件の引き渡し

【物件引き渡し前】
・弁護士からの引き渡しに関する書状の説明
・物件の引き渡し前最終確認
・売買決済日の最終確認及び報告

【物件の決済後】
・鍵の引き取り＆引き渡し
・物件の引き渡しの立ち会い
・弁護士からの精算書に関する書状の説明
・30日間の相談受付＆アドバイス

⑥物件の引き渡し

契約締結時から30～45日後の決済を経て、物件の引き渡しとなります。建物が工事中の場合は、登記や決済手続きにずれが生じる場合もあるため、あらかじめ確認しておきましょう。鍵を引き渡した後、ライフラインを開設すれば利用開始です。

通常、所有権の移転は、決済日より30日ほどで完了します。所有権の写しが発行されるので確認しておきましょう。特約がある場合は、建物調査や害虫調査も行われるため、手続きに沿って作業を進めるようにしてください。

ちなみに私の会社では、具体的に図表6－3のようなサポートを提供しています。参考にしてください。

英語ができなくても不動産を買える

ゴールドコーストに限らず、海外で不動産を購入する際に心配なのが「現地の言葉」です。オーストラリアの場合、英語が使えればコミュニケーションが問題なく取れる

図表6－4　弁護士の主な仕事内容

売買契約の締結まで	売買契約締結後&物件の引き渡しまで
・売買契約一般条項の内容確認 ・特別&停止条件の検討&追加 ・売主との弁護士との打ち合わせ ・売買契約の主な条件のまとめ説明 ・売買許認可関係の申請 ・売買契約成立日時の確認 ・手付金預託先確認と支払い指示	・物件の法的調査手配&結果報告 ・重要書類（所有権移転等）の作成準備 ・決済額（残金&経費等）草案作成と承認 ・信託口座を介した決済金の預かり ・決済（所有権と物件の交換）の実行 ・最終決済明細書の連絡 ・鍵の引き受け日時&場所の連絡 ・所有権（名義変更）の移転登記

のですが、たとえ英語に弱くても大丈夫です。日本語で対応できる現地のパートナーを探しましょう。

英語が使えない場合、特に困るのが法律関係の実務に関することでしょう。不動産投資では大きな金額が動きます。そのときに、どのような法律関係になっているのかを十分把握できないまま契約を結ぶのは、非常に危険です。

オーストラリアにおける不動産投資の契約書は英語で書かれています。契約書の内容はもちろん、法的な関係性についても英語で説明書きがなされているので、日常会話レベルの英語力では対応できません。その際は、弁護士に相談してください。

弁護士は大きく分けると、英語のみで対応するオーストラリア人弁護士と日本人弁護士がいます。私たちが取引するお客さまには、お客さまのご要望に合わせて、いずれかの弁護士を紹介しています。弁護士の主な業務は図表6－4のとおりです。

オーストラリア人弁護士と日本人弁護士の料金を比較しますと、日本人弁護士の方が1・5～2倍になります。その代わり、事細かな内容まで日本語で説明してくれます。英語が分からない人でも、法的なことや権利関係を理解しながら進められるので、より安心できるかと思います。事実、英語ができない方の大半は、日本人の弁護士に依頼しています。

ただし、日本人の弁護士であっても、不動産投資に関する詳細まで把握しているとは限りません。それはオーストラリア人も同様で、弁護士は法的な業務のみを担当するのが基本です。前述した〝縦割り〟による役割分担が機能しているためです。

ちなみに私自身が関わる案件については、オーストラリア人の弁護士に依頼するケースが多いです。その方が価格を抑えられますし、不動産関連の基礎的な法的知識は私自身が把握していますので、オーストラリア人の弁護士でも問題なく進められるためです。

さらに言えば、不動産取引に強い弁護士の中にも、居住用不動産に特化している人や、商業系に長《た》けている人、開発案件に詳しい人など、専門分野が分かれています。そのため、どの弁護士に依頼してもいいというわけではなく、それぞれの得意分野を見極めて依頼することが大切です。

私が携わる場合は、そういった細分化された得意分野も含めて、弁護士の紹介をさせていただいております。こればかりは現地でのつながりがないと、なかなか適任者を見つけることは大変かと思います。ここにも、不動産業者の役割があるのです。

法律関係はそれほど重視しないという人もいるかもしれませんが、不動産の購入は高額であるため、細部まできちんと詰めておくことが求められます。英語だから把握できなかったということでは、後々どんなトラブルに巻き込まれるか分かりません。法律事務所の助言などをもとに取引を進めることは有利だと思います。

結論として、**英語を話せなくても不動産を購入することはできます。ただし、英語を話せないことがマイナス要因になることは事実であり、その点を埋め合わせるだけの工夫が求められます。**ぜひ、適切な業者を活用しましょう。

第6章

お客さまは儲かる。不動産業者はあまり儲からない

ゴールドコーストに限らず、オーストラリアで不動産を売買するときにいわれていることが、「お客さまは儲かる。不動産業者はあまり儲からない」という原則です。おそらく、日本の方が持っている不動産業のイメージとは違いがあるかと思います。

日本の不動産業者は、横のつながりを生かして情報を抱え込んでいるため、前述した川上物件のようなものを優先的に売買しています。そうして可能な限りリスクを減らし、より有利な不動産取引を実現しているわけです。

ただ、投資家からしてみると、そのような商慣習があるためにいい物件を見つけにくいのが実情でしょう。特別なつながりがなく、一般客として投資案件に接すると、不動産業者が手を付けないものから中心に選定しなければなりません。

その結果、不動産業者は儲かりやすいのですが、一般投資家はなかなか利益を出すことが難しく、より有利に投資するためには横のつながりが必要となるわけです。加

えて、不動産投資の成否は地域やエリア、さらには国の経済状況に左右されます。

では、オーストラリアの不動産業はどのようになっているのでしょうか。そもそもオーストラリアの不動産業者は、前述したいわゆるエージェント、日本でいう売り主側の仲介業者としての機能しか果たしていません。そのため、仲介をしても決まった手数料しかもらえない仕組みです。

日本の不動産業者のように、オーストラリアの不動産業者が自分たちで物件を転売目的で仕入れて顧客に販売するということはありません。仲介業者はあくまでも仲介に徹しているというかたちです。また、日本でいう「囲い込み」を防ぐ、つまり売り主が不利にならないような仕組みや業者の行動規範が整っています。そのため、売り主から安価で物件を仕入れて大きく儲けることはできません。

自分たちが仕入れて販売しない以上、川上物件を独占することもなく、任意売却や債務整理など日本ではプロが扱うような物件情報も公平に公開されます。そこに、「お客さまは儲かる。不動産業者はあまり儲からない」という言葉の真意があるわけです。まさにオーストラリアはフェアな市場です。

フェアな市場だからこそ、不動産投資家はきちんと物件を精査して購入すれば、儲けられるチャンスがたくさんあります。不動産業者は仲介に徹し、投資家は投資の成績を最大化させようとするため、利害が一致しているというわけです。

ただし、不動産業者が仲介以外のことをまったくしないということではありません。不動産〝業者〟としてではなく、個人として物件を購入し、5～10年後に売却するということはあります。その点においては、一般の投資家と同じ立場です。

いずれにしても、オーストラリアで不動産仲介業のみをビジネスとして展開している業者は、それほど儲けてはいません。粛々と物件を紹介し、その報酬を得ているのが基本です。透明性が担保されているため、独占的な活動はできないのです。

不動産業にかかわらず、ビジネスは上流の情報を囲い込むことで、より有利に進めていくことができます。日本の不動産業には、まだそういった事業者ならではの旨味が残されているように感じます。しかしオーストラリアには、それが皆無です。

一方で、不動産業者間の競争もあるため、生き残っている事業者は、堅実に仲介業を行っているところが多いです。自分にとってより良い条件で不動産投資ができるかどうかを考えながら、相性のいい業者とともに物件選定を進めてみてください。

売り主の瑕疵担保責任

不動産を購入する際に注意しておきたい事柄として、「瑕疵《かし》担保責任」というものがあります。一般的に瑕疵担保責任とは、引き渡された物件に何らかの瑕疵があり、契約の目的に適合しない場合、売り主が買い主に対して責任を負うことを指します。

ここでいう〝瑕疵〟とは、不動産に付随する欠陥や不具合のことです。物理的な瑕疵、法律的な瑕疵、心理的な瑕疵、環境的な瑕疵を含みます。不動産を購入した後、このような瑕疵があった場合の責任を決めておくのが、瑕疵担保責任となります。

日本の不動産取引では、この瑕疵担保責任の規定が明確であるために、買い主は安心して不動産を購入することができます。オーストラリアでもこの点では同様で、新築物件の場合はその建物を建てた人が瑕疵担保責任を負うことになります。

この場合の建てた人というのは、主に「建築会社」を指しています。当地ではビルダーといいます。すでに紹介したように、オーストラリアでは誰でも開発業者になることができます。土地を仕入れ、そこに任意の建物を建てて販売すれば、開発業者としての活動が可能となるのです。

もちろん、外国人投資家の方でも開発業者として事業を行うことができます。土地を仕入れ、建物を建てて売る。それだけです。そこに持続性と経済性があれば問題ありません。それが、オーストラリアに資する経済活動であればいいわけです。

そのような考え方が根付いているからこそ、おおむね自由に不動産投資を行えるのですが、業務自体が縦割りで行われているため、瑕疵担保責任も細分化されています。具体的には、建築に関しては建築会社が、造成に関しては造成会社が責任を負うのです。

例えばオーストラリアで分譲事業を行う場合、目的会社などの法人を設立し、造成、分譲を経て販売をします。物件を売ってしまうと、その会社には資産がない状態となります。そうすると、清算をするのが普通です。つまり会社がなくなります。

このような状態になった後、物件を購入した人が瑕疵についての責任を追及したとしたら、清算してしまった会社に対してはできません。そこで、建物なら建物を建てた業者の、土地なら造成した業者の責任が問われることとなるわけです。

このように**オーストラリアでは、物件の瑕疵に対する責任が個別に生じています。**不動産の所有者ではなく（もちろん責任はあります）、建てた人、施工した人に対する責任の所在が明確になっているということです。その点では、不動産投資家としても安心できるかと思います。

あなたがプチ開発をして、その物件に瑕疵があったとしても、建築会社に瑕疵の修補を請求することになります。

あるいは、戸建てを建てて自分が賃貸に出す（または自分が住む）場合に、何らかの瑕疵があった場合も、同様に建築会社に瑕疵の修補を請求することになります。

ちなみに、建物に瑕疵が見つかった後、建物を建てた会社が倒産していた場合は、施工会社が加入している「建築協会」が補償してくれます。

建築会社が故意に瑕疵の補修工事に対応しない場合も、最終的には建築協会が対応してくれます。この場合、建築協会はその建築会社を除名し、営業ができないようにすることもできます（だから建築業者は対応します）。

そのため、売り主や買い主が泣き寝入りすることもありません。問題解決までの道筋が明確なのです。

では、中古物件の場合はどうでしょうか。中古物件の場合は、現物引き渡しとなるため、日本のように売り主の瑕疵担保責任が問題になることはありません。その分、事前に雨漏りやシロアリなど、問題になりやすい部分に調査が入ります。

建物調査を行うのは、専門知識を有する第三者機関であるため、購入者は公平な調査結果を得られます。その結果をもとに、そのまま契約を履行するのか、それとも解除するのか、あるいは減額交渉などを行うか判断します。中でも多いのは温暖な気候が一因でもあるシロアリの被害です。

調査した結果、シロアリの被害が確認できた場合は、駆除するための費用を算出して減額交渉などを行うのが通常です。売り主も買い主もスムーズに契約を進めていけるのです。

完全所有権なので自由に貸し出し、処分、抵当権の設定ができる

外国人投資家であっても、オーストラリアで購入した物件は、自由に貸し出したり、処分したり、あるいは抵当権の設定をすることができます。

不動産の権利形態をオーストラリアでは自由保有権（フリーホールド）といいます。日本での表現と少し異なりますが、購入者は不動産の便益を享受する権限（日本の所有権に相当。以下、便宜上、所有権と記します）を与えられるため、不動産を自由に活用できるということです。

その点では、日本で日本人が不動産を購入する場合と何ら変わりません。不動産を購入した人に所有権が移転し、使用、賃貸、処分、抵当権の設定が問題なくできます。外国人投資家がオーストラリアで不動産を購入しても、同じように権利が得られるのです。

ここで重要なのは「公信力」という概念です。**公信力とは、登記上の表示を信用し**

て不動産取引をした人に対し、その権利取得を認める制度を指します。日本の不動産登記には公信力が認められていませんが、オーストラリアでは政府が不動産登記の表示内容を保証しています。

そのような違いがあるために、**オーストラリアで不動産を購入した人は、たとえ外国人投資家であっても完全に所有権が得られると考えて間違いありません。**しかも、弁護士事務所間で所有権の移転が行われるため、信頼して取引することができます。事実、私自身この業界に30年以上いる中で、不動産売買や金銭のやりとりにおいて詐欺にあったという話を一度も聞いたことがありません。

また、オーストラリア人と外国人で所有権の内容に差が生じるということもありません。もっというと、もともとオーストラリアはイギリスの植民地であったことから、この国の所有権はエリザベス女王に帰属するという発想すらあるほどです。

このような発想は「クラウン・エステート」といい、単独法人としてのイギリス国王に土地や権利が帰属するという考え方です。こうした考え方が背景にある以上、オーストラリア人でも外国人でも、所有権の扱いに大きな違いはないこととなるのです。

例えば、ある土地に道路を造らなければならないと政府が判断した場合。その土地の持ち主は、合理性のある理由が提示できなければ、基本的に計画に応じることになる仕組みです。それは所有権としての関係を超えて、国益に資する活動であると判断されるためです。つまり公共財としての扱いです。

そのような場合、いくら所有権を主張しても抵抗できません。取得した不動産は完全所有権として権利を主張できるのですが、公共財の扱いは別途あるということを理解しておく必要があります。高速道路や空港、公共施設なども公共財に含まれます。

そうした仕組みがある上で、個人の所有権があるわけです。もちろん、公共財のために土地や建物の権利が剥奪されるというわけではなく、適正価格で買い取られるのが一般的です。めったにないことですが、権利の仕組みを理解するために知っておきましょう。ちなみにこの仕組みがあるからこそ公共インフラ建設のロードマップ作成、そして実行までのスピードが速いのもこの国の特徴です。

もっとも、普通に物件を購入し、賃貸に出したり使用したりする点において、まったく支障はありません。過去、そのようなかたちでトラブルに巻き込まれたという事例も聞いたことがなく、安心して投資していただけます。

ゴールドコーストの不動産に投資される方の中には、一度も現地を訪れない人もいます。できれば現地を見たほうがいいのですが、条件のみを確認し、現地のスタッフを信用して取引される方も少なくありません。所有権を含めた権利関係がしっかりしていることも、その一因かもしれません。

ビジネス的な感覚で不動産投資を捉えている人ほど、オーストラリアの魅力はイメージしやすいかと思います。シンプルかつ公平な仕組みやシステムは、投資という観点で魅力的です。ぜひ日本とも比較しながら、検討していただければと思います。

不動産取引で必要となる税金や諸費用

不動産は大きな買い物となるため、必然的に、税金や諸費用の支出も高額になります。どのような支出が必要となり、それぞれどのくらいの金額なのかについて、税金も含めて確認しておきましょう。

まず、オーストラリアで不動産取引をした際に生じる主な税金には図表6－5のよ

図表6－5　不動産取引に生じる主な税金

	不動産取得時	不動産開発時	不動産所有期間	不動産売却時
連邦税	消費税	消費税 個人所得税または法人税 利息源泉税 配当源泉税	消費税 個人所得税または法人税 利息源泉税 配当源泉税	消費税 個人所得税または法人税（キャピタルゲインも合算）
州　税	印紙税	土地税	土地税	
地方税		市税	市税	

※連邦税とはオーストラリア政府の税金、州税とはクイーンズランド州の税金、地方税とはゴールドコースト市の税金です。
※売買する不動産や売主か買主の立場により税金の取り扱いが異なります。

うなものがあります。州ごとに異なる「州税」や、地域によって変わる「地方税」なども含まれているので、参考までにゴールドコーストのものを確認しておきましょう。

特に外国人投資家の方が不動産を購入する場合には、7％の付加税（印紙税）が必要なのと、外国人取得税なども含めておおむね10％ほどの税金が求められると覚えておきましょう。

不動産購入時の必要経費には図表6－6のようなものがあります。不動産購入額に対して11～13％を取得経費の目安として検討するとよいでしょう。

これらに加えて、バイヤーズエージェント（買

図表6‐6　不動産購入時の必要経費

不動産取得経費	経費の目安	A$500,000（約3750万円）の物件を取得した際の経費の例
取得印紙税	購入額の2.5％～（累進課税）	A$15,925
外国人取得印紙税	購入額の7％	A$35,000
外国人取得許可税	A$5,800～（価格により異なる・無償になる場合もある）	A$5,800
登記費用	A$1,000～（累進課税）	A$1,379
建物・害虫調査費用	A$500～	A$500
日本人弁護士費用	A$3,300～	A$3,300
		合計額 A$61,904（約46万円）

い手側の仲介業者）を利用して不動産を取得する場合には、別途手数料も必要となります。ただ、物件を住居として購入すると減額制度や補助金制度もあるため、費用を抑えられる可能性があります。購入前に、不動産業者に確認してください。

ちなみに、日本の不動産投資では法人を設立するなどのテクニックによって「消費税還付」を受けることもできますが、オーストラリア国内でそれはできません。金額が大きくなりやすいため、この点についてはあらかじめ押さえておきましょう。

さらに補足すると、オーストラリアに住んでいる人は相続税や贈与税がかかりません。自宅の売却に伴う譲渡益は、全額無税です。つまり、資産を持っている家系は後世にわたって資産が継承されていくことになるのです。このことが不動産の流動性を高めたり、資産の組み替えに一役買っています。ある意味において、富める者は富み続けられるのがこの国の特徴といえるでしょう。

管理や維持費についても確認しておきましょう。コンドミニアムなどの区分所有形態では、共用部分はすべて専門の管理組合が主体となって維持・管理します。そのような管理組合は「ボディーコーポレート」とよばれています。

共用部分に該当するのは、玄関や廊下、エレベーター、敷地道路、ガーデンなどで、プールやサウナ、バーベキューエリアなどは共有施設となります。これらにかかる管理費や維持費は、区分所有者の持分に応じて均等に拠出することとされています。

その他の維持費としては、市税、交通整備維持費、環境維持費、公園維持費などもかかってきます。ちなみに市税は、土地に対する資産税と他の公租公課で構成されています。

市税は、「住居用」「賃貸用」「ホテル運用も含む短期貸」という3つのカテゴリー

図表6－7　年間州・市税（概算）と物件の維持費用参考例

44階高層コンドミニアム（占有面積100㎡）を賃貸事業にて運用した場合

州税	消防関連費	A$1.00
	緊急関連費	A$222.20
	合計A	**A$223.20**
市税	コアラ保護関連	A$3.00
	ゴミ処理関連（市）	A$287.30
	ゴミ処理関連（州）	—
	一般市税	A$2,765.00
	緑地関連	A$43.00
	公園・運動場関連	A$29.00
	交通・道路関連	A$128.30
	販促関連	A$286.00
	一般市税割引	A$276.50
	合計B	**A$3,265.10**
総額（A＋B）		**A$3,488.30**

項目／物件の種類	市税	管理&共益費	基本水道	庭・プール	建物保険	家財保険	合計額
コンドミニアム	A$3,490	A$7,600	A$800	—	A$550	—	A$12,440
一戸建て	A$1,900	—	A$800	A$3,200	A$3,000		A$8,900
リゾート内一戸建て	A$1,900	A$3,200	—	A$3,200	A$3,000		A$11,300

※市税額は物件が事業形態（ホテルまたは賃貸）か別荘、あるいは主たる住居の有無で異なります。

※その他の維持費についても物件の特徴やサービス回数などにより異なります。

で分類されており、所有・運用形態によって課税されます。資源局より毎年公表される平均更地価格を基に算定され、更地価格が10万豪ドル以上の場合はそれぞれの課税率を基に課税されます。10万豪ドル未満の場合はそれぞれ最低課税額が課税されます。

市税とともにかかる土地税は、ともに6月30日に資源局が決定する更地価格を基本に算出されます。居住者の場合、60万豪ドル未満は無税となりますが、非居住者の場合は35万豪ドル未満しか無税になりません。

参考までに、代表的な費用（年間）を図表6-7で紹介しておきましょう。市税関連と、物件ごとの維持費についてチェックしておいてください。

個人で買うか、法人で買うか

本章の最後に、不動産投資に関連する補足事項を紹介しておきます。まずは、前項でも触れている、法人を設立して不動産を購入する手法についてです。

日本で不動産投資をしている人の中には、法人を設立して不動産投資を行い、節税につなげている人も多いかと思います。法人と個人には税率に差があったり、幅広い費用を経費計上できたりなどの利点があるため、法人を設立するケースも少なくありません。

オーストラリアにおいても似たような状況があります。事実、個人ではなく日本の法人名で購入される方も少なくありません。もちろん、ルール上も問題なく行えます。法人で購入すれば、購入にかかる費用などを幅広く経費計上できます。

場合によっては、オーストラリアへの渡航費用なども経費として計上できる場合があります。どこまでの費用が経費として計上できるかは税理士と相談する必要があるものの、より節税につなげたいのであれば、さまざまな方面から検討してみるといいでしょう。

会社の名義で持っている不動産を業務の一環として活用したり、社員を対象とした慰安旅行、さらにはインセンティブで使用したりするなどの事例もあります。法人で購入した場合、ビジネス面においては、活用の幅がさらに広がるかもしれません。

ただ、**現地法人を設立するべきかどうかは、状況に応じて判断が分かれる**かと思います。ポイントとしては、その物件がどれだけの収益を生むと予想されるのかにあります。なぜなら、法人の設立にはそれなりの費用がかかるためです。

概算ではあるものの、法人の設立に20万円ほど、そして維持費に30万円ほどが年間でかかってきます。さらに法人には法人税もかかってくるため、個人に課せられる税金と比較しながら、どちらがより得になるのかを税理士と相談しておきましょう。

オーストラリアにおける法人および個人の税率は図表6－8のとおりです。

例えば、日本在住の不動産投資家が20万豪ドルの不動産所得を得ていたとしましょう。そうすると、法人の場合は30％の税率が課せられるので6万豪ドル、個人の場合は「6万2550＋9000」で7万1550豪ドルとなり、法人は1万1550豪ドルの節税になります。

このように、**金額に応じて節税できるかどうかは変わってきます**。それぞれの税額を比較しながら、運用形態なども加味しつつ、個人か法人かを選択するといいでしょう。いくら節税できても、法人の維持費が負担となってマイナスになってしまえば本末転倒です。

図表6－8　オーストラリアの税率

■法人（会社）の場合

課税所得	税　率
A$0 ～無制限	一律 30%

■個人（オーストラリア居住者）

課税所得	税　率
A$0 ～ A$18,200	無税
A$18,201 ～ A$37,000	A$18,201 以上、A$37,000 以下に対して 19%
A$37,001 ～ A$90,000	A$3,572 ＋ A$37,001 以上、$90,000 以下に対して 32.5%
A$90,001 ～ A$180,000	A$20,797 ＋ A$90,001 以上、$180,000 以下に対して 37%
A$180,001 以上	A$54,097 ＋ A$180,001 以上に対して 45%

■個人（オーストラリア非居住者　日本在住の方）

課税所得	税　率
A$0 ～ A$90,000	0 以上、A$90,000 以下に対して 32.5%
A$90,001 ～ A$180,000	A$29,250 ＋ A$90,001 以上、A$180,000 以下に対して 37%
A$180,001 以上	A$62,550 ＋ A$180,001 以上に対して 45%

あくまでも基準ですが、私は家賃収入が年間8万豪ドルを超えてきたら法人の設立を検討してもいいと考えています。その際、日本で法人を作るのか、それともオーストラリアで法人を作るのかについては、基本的にどちらでも構いません。

強いていえば、現地の法人を持っておいた方が集める書類関係などは少なくなり、手間がかからないというメリットはあるかと思います。その点も含めて、個人で買うか、日本の法人で買うか、オーストラリアの法人で買うかを検討してみてください。

不動産所得に関連する税務は日豪間における租税条約などを照らし合わせて検討することもありますので、その分野に長けている税理士から助言を受けることになります。前述の弁護士と同様に日本人の税理士もいますので、安心して相談することができます。

第7章

人生で大切なことは、コアラとカンガルーが教えてくれた

コアラの人生はマイペース。カンガルーは前にしか進めない

第7章では、本書のまとめとして、私が考えるゴールドコースト流・不動産投資のエッセンスについて紹介していきましょう。まずは、日本人とオーストラリア人の職業観について言及しておきたいと思います。

日本人の場合、勤勉さが美徳であり、遊ぶことを後回しにしたり、仕事で家庭を犠牲にすることもあるかと思います。しかしこの考え方は、オーストラリア人にはまったく理解できません。

なぜならオーストラリア人は、仕事、余暇（自分の時間）、睡眠という3つの行動を均等に分け、それぞれを重要視しているためです。1日のスケジュールは、3分の1の時間で働き、3分の1で自分の時間を楽しみ、3分の1を睡眠に使っているのが実際のところです。

こうした時間の使い方を象徴しているのが、24時間を3で割った「8・8・8」

と記されたメルボルンの記念碑です。メルボルンを訪れた際には、ぜひ現物を見て、オーストラリア人の思想に触れてみてください。

例を挙げてみましょう。朝、仕事を始めるのは日本人と変わりません。ただ、午後4時にはすべての仕事を終え、ほとんどの人が帰り支度を始めます。職種や業種にもよりますが、午後5時を過ぎて仕事をしている人はほとんどいません。

「残業はしない、させない、してはいけない」が当たり前なのです。日本のように、働き方改革などによって残業や休日出勤を削減しようとしなくても、もともと残業はしませんし、休日はしっかり休むという考えが根付いています。日本では残業の賃金を「残業手当」といいますが、こちらでは「ペナルティー・レート」といわれているくらいです。

会社帰りに社員同士が飲みに行くということもほとんどありません。それよりも、家に帰って奥さんや子どもたちとバーベキューを楽しみます。会社の仲間よりもプライベート、つまり家族団欒《だんらん》の時間を大切にしているのです。

現状、オーストラリア政府が掲げている政策の一つが渋滞緩和なのですが、そのス

第7章

ローガンは「あなたを1秒でも早く家に帰してあげる」というものです。事実、国民が一刻も早くプライベートな時間を楽しめるように、大幅な道路拡張工事が国のあちこちで行われています。

極端な話、家族との団欒の時間を仕事の何倍も大事にしているということです。もっとも、夫婦が実際に触れ合う時間が多いことで、夫婦仲がいいかというとそうでもありません。実は、オーストラリアで離婚する夫婦は意外と多いのです。

自己主張する国民性もその理由の一つかと思いますが、それ以上にシングルマザーに対して国の保護手当などの福祉が厚く、社会制度が充実しているため、母子家庭でも生活に困りにくいことが挙げられます。そのため、離婚に踏み切りやすいのだと思います。

そして、家族の形が変わるたびに不動産が売買されます。ゴールドコーストの不動産価値が維持できている理由として、オーストラリアの有給休暇制度がしっかりしているという背景がありますが、家族や仕事に対する考え方もポイントとなります。

私はオーストラリア人の国民性を、よくコアラとカンガルーに例えています。オーストラリア人の人生観はコアラのようにマイペースである一方、経済成長においてはカンガルーのように前進しています。まさに、コアラとカンガルーが国の象徴となっているのです。

オーストラリアには、コアラを脅かす天敵がいないため、コアラはいつものんびりとくつろいでいます。同じように、オーストラリア人は仕事でライバルと闘うという競争意識をほとんど持ちません。

私がオーストラリア人と気が合うのは、沖縄にも「なんとかなるさ」という楽観主義（ほどほどの加減に生きていこうという気質）があるので、この感覚がオーストラリア人と似ているのかもしれません。

一方、カンガルーは、後ろに進めません。オーストラリアの国民的スポーツであるラグビーも前に進むことを最も優先します。そのためか、オーストラリア人は失敗しても考え方がとてもポジティブです。ちなみにカンガルーと同じく前にしか進めない動物がエミューですが、それぞれがオーストラリア国の紋章に刻まれています。

また、オーストラリアの国歌名は「アドバンス・オーストラリア・フェア」といいます。日本語では「進め美しのオーストラリア」と訳されますが、国歌の中にも「前

第7章

進」という言葉があるほどに、この国の豊かさを背景に、どのような状況にあっても常に果敢に前に進んでいくことも一つの信条として持っているのです。

前進という意味において、似たような精神が私の生まれ育った宮古島にもあります。それがより一層この国に対して愛着を持てた一因であり、結果的に私自身、オーストラリアの市民権取得の動機付けになりました。

平等で公平、安心して暮らせるオーストラリア

海外の不動産に投資する際、現地の治安について心配されている方もいるかと思います。しかし、オーストラリアはアメリカのような銃社会ではありません。その点、**ゴールドコースト流・不動産投資には、治安の面でも「安心」が付随されています。**

オーストラリアは日本とは異なり、さまざまな人種が暮らす多民族国家ではあるもののの、それぞれの価値観や考え方を尊重する風土があります。「右向け右」のような

押し付けはなく、各人が違っていることが当たり前とされています。

学校に行くと、本当にいろいろな国の人がいることが分かります。黒い髪の毛の人もいれば、赤毛の人も茶色い髪の人もいる。ストレートの人もクルクルとウエーブした人もいる。この国ではそれが普通です。日本のように統一されたような身なりは常識として求められません。

端的にいえば自由があります。自由があり、国民は経済成長とともに豊かさを享受していますが、驕《おご》るところもありません。資産家として成功された方も、そうでない方も、同じ人間としてともに生きているという雰囲気が根強くあると思います。

例えば、男女が付き合う場合でも、職業や収入、家柄などにこだわることなく、さまざまなカップルがいます。事業で大きな成功を収めている女性と、運転手やガーデナー、水族館のスタッフなど自由な働き方をしている男性が付き合っていることもあります。

あらゆる職業、収入、地位などの違いに対し、誰も違和感を抱いていません。むしろ当然のこととしています。その背景には、多民族国家であるということ（違うことが常識）と、自由を重んじる風土があります。それがオーストラリアという国なのです。

離婚後の対応についても同様です。日本の場合、夫婦が離婚すると、父親か母親が子どもを引き取って、その後はあまり会えないケースが多いようです。しかしオーストラリアの場合、離婚した後も引き続き関係性が継続されるような法律になっています。

そこには、離婚に対する考え方の違いがあるのかもしれません。シングルマザーに対する福祉が手厚いというのはすでに紹介したとおりですが、離婚そのものに対しても、「お互いに気が合わなかったのだから仕方がない」という考え方があります。

そのため、夫婦や家族としては一緒に暮らしていなくても、パーティー会場などで会えばフランクに会話しますし、特段、ぎくしゃくすることはなさそうに見えます。そのようなさっぱりした関係性も、オーストラリアならではかもしれません。

日本人には想像しにくい、不思議な関係性がそこにあるのです。お互いが子どもでつながっており、子どもを通じて、定期的に顔を合わせます。離婚してもシングルマザーをサポートする仕組みがあるため、経済的にも大きな混乱は生じません。

ベースとなっているのはやはり、個人の尊重でしょう。性別にかかわらず、個人個人が尊重されており、理想的な自由があるように感じます。**自分と相手は同じことが当たり前ではなく、違いを認め合い、多様性を重視する。そのため差別も少ないです。**

アメリカに住んでいた人がオーストラリアに来ると、差別が少ないことに驚かれるようです。公平で、平等で、安心して暮らせるからこそ、格差も差別もなく、人々はとても優しいです。

そして、かつて日本企業が活躍した名残もあることから、親日的であるという点も強調しておきたいと思います。

プライベートや子どもを大切にするオーストラリアの特徴

オーストラリアという国について紹介する上で、公平性が重視されているという点は何度でも強調しておきたいと思います。

例えば、有給休暇を取得できる仕組みが整っているだけでなく、従業員に休暇を取りたいと思わせる仕組みも用意されています。しかも雇用主は、従業員に有給休暇を

〝取らせなければ〟なりません。

そのことは、前述した「８・８・８」という考え方にも通ずるものがあります。働くときはしっかり働き、遊ぶときはしっかり遊ぶ。そして、睡眠時間も同様に重要視する。そのような感覚が、国民全員に根付いているのです。

言い方を変えると、オーストラリア人はライフスタイルを重視する国民性と表現できるかもしれません。それは、お互いの生活を大切にするということも意味しており、公平性の意識につながっています。

賃金格差が少ないというのも、オーストラリア社会の特徴です。広い国内、最低賃金はどこに行っても同じですし、それを下回ると厳しい罰則が課せられます。そのため地域ごとの賃金格差も生じにくく、それもまた公平性を担保することにつながっています。

もともと社会的格差というのは、家庭ごとの収入格差によって生じるものであるため、子どものうちから差が出てしまうケースが多いのです。「教育格差」という言葉もあるように、収入によって子どもに与える教育にも差が生じ、将来の格差につながってしまうのです。

しかしそれも、賃金格差がなければ生じにくいはずです。特にオーストラリアでは、子どもを大切にする文化があり、子どもに対する考え方も寛大です。子どもを貧乏にさせない、虐待をしない、適切なサポートを提供するという根本的な発想があります。

私が携わっているアーリーラーニングの事業もそうですが、社会全体で子どもを育てていくという考え方が浸透しているのです。ある意味において、両親の結婚と子育てを切り分けて考えている、そんな柔軟な姿勢があるようにも感じられます。

そのことは当然、子どもの教育内容にも表れています。アメリカの社会実験でも幼児教育の重要性が明らかになったように、オーストラリアでも幼児教育の重要性を踏まえ、認知能力と非認知能力の双方をおろそかにすることなく、特に大事な3〜5歳児への教育に力が入れられているのです。

研究によると、3〜5歳までにきちんとした教育および環境を与えられていた子どもは、大人になってからの生活習慣や対応力にもプラスの影響が出るそうです。端的にいうと、社会に順応できる人間になる。それが、国民の利益にも資するというわけです。

国としても、犯罪率が低下したり病人が減ったりすると、財政負担が軽くなります。立派になって税金を納めてくれれば、国の財政が安定化し、結果的に国民も住みやすい社会を構築できます。そのような考え方が浸透しているため、幼児教育はかなり進んでいると思います。

実際に、4歳未満の子どもに対する就学前教育は義務でないものの、ゴールドコーストを含むクイーンズランド州では、プライマリースクール（小学校）へ上がる前に「プレップ」と呼ばれる準備教育を受けることとされています。

しかも小さい子どもに対しては、4人に1人の割合で先生が付く授業もあるため、教育内容は非常に手厚くなっています。このあたりにも、オーストラリアの特徴が表れています。

沖縄とオーストラリアの共通点と違い

私の出身地である沖縄には、オーストラリアと共通している点がいくつかあります。そのため、もともと沖縄が好きな人は、オーストラリアの風土や環境も好きになるかもしれません。いくつかのポイントを紹介してみましょう。

最も分かりやすいのは「自然を大事にする」ということです。ご存じのとおり、沖縄の自然は世界にも誇れる素晴らしいものですが、オーストラリアの自然もまた雄大で大変美しいです。その点は、どちらが見劣りするということはありません。

ただ近年、沖縄は方向性を見失っているようにも感じます。例えば私の故郷である宮古島はもともと公共工事に頼っていたこともあり、必要のないところまですべて埋め立ててしまったという現実もあります。大切な自然が失われつつあるのです。

確かに、公共工事や観光客におもねる開発を進めていかないと、島の経営自体が成り立たないという側面もあるでしょう。しかし、そのために自然環境を破壊し続けてしまえば本末転倒です。やはり、そこに住む人々が中心となって自然を守らなければなりません。

その点オーストラリアは、自然を守ることを最優先に考えています。不動産を開発する場合も同様で、自然には手を付けてはいけないと厳しく定められています。しかも、将来に向けて、大切な自然を保全していくという考え方が根強いのです。

不動産開発業でいいますと、その開発行為が自然に対してどのような影響を及ぼすかという重要な点は、独立した専門家の意見書の提出などが開発許可のプロセスに入ってきます。身近なところでは、コアラ生息地域や移動エリアが地図上で公開されており、このエリアにかかる開発行為は基本的に禁止されています。

コアラは住宅地から遠いところに住んでいるイメージかもしれませんが、実はとても近いところに生息しています。コアラに次いで有名なカンガルーも私の自宅の近くで見つけられるほど、とても身近な場所に生息しているのです。

ゴールドコーストは60キロに及ぶ白砂のビーチ、そして広大な入り江を配していますので、陸に住む動物保護の規制に加え、海洋生物の生息などに関連する開発行為もとても厳しいものがあります。直近の例では、ブロードウォーター（入り江）で2000億円規模の複合リゾートの開発申請が出されたのですが、建築の段階における巨額の投資、そして完成後の大きな雇用機会が見込まれたにもかかわらず却下され、計画の見直し再申請を余儀なくされています。それはまさに、自然を国全体の財産として捉えている証拠です。つまり、オーストラリアの人は、共に自然を残すことが土地の価値を高めていくことにつながると理解しているのです。

自然があることによって、人々の暮らしが豊かになり、ライフスタイルの選択肢も多様化していきます。一見、資産性とは直接的に結び付きにくいと思われる自然環境も、不動産そのものの価値を高めると捉えれば、投資としても重要な要因であると分かります。

そのような意識が備わっているオーストラリア人は、自然を大切にし、美しい緑を後世につなげていくための活動をしています。不動産の購入に関しても、自然に配慮した管理や維持がセットになっており、みんなで協力する仕組みが整っているのです。

美しい自然が維持されていることは、そこで生活している人はもちろん、観光客にとってもプラスになります。雄大な自然を楽しみに訪れても、それらが失われてしまっていたり、あるいは汚されたりしていては持続的な発展はありません。

ゴールドコーストはもちろん、シドニーやパースなど、オーストラリアはどの都市でもゴミすら落ちていません。漂流されてきたゴミに関しても放置されることはなく、きちんと清掃されています。そのようにして初めて、自然も保たれるのです。


よく比較されるハワイとの共通点や違いでいえば、どちらもリゾート地としてバカンスを楽しめる点では同じです。特に日本人からすると、美しいビーチと果てしない海、降り注ぐ日光、そして開放的な雰囲気はどちらでも堪能できると思うでしょう。

ただし、ハワイはあくまでもアメリカの国。バックグラウンドから考えても、アメリカナイズしている点は好みが分かれるところです。一方でオーストラリアのバックグラウンドはイギリスです。保守的で素朴なところが日本人と合うといわれる所以はそこにもあります。

私は営業しない。ゴールドコーストが営業してくれる

最後に、本書の内容についてまとめておきましょう。いきなり結論を述べてしまうと、「**私は営業しない。ゴールドコーストが営業してくれる**」という言葉に、ゴールドコースト不動産のすべてが詰まっています。つまり、それだけゴールドコーストは魅力的な土地であるということです。

日本であれば、営業担当者が売り込みをかけて初めて、不動産が売れている側面もあります。場合によっては、不動産会社の営業力によって、売れる物件の方向性や質、数などが左右されているようにも感じます。それだけ、営業活動が重要となっているのです。

その背景には、価格が高額であること、そして国内で一般の投資家に販売されている物件に差がないことが挙げられるのではないでしょうか。差がない＝経済や人口動態を背景に、資産としての魅力に乏しいということかもしれません。過剰な金融緩和

もある意味、本来の物件の価値を見え難くしていると思います。

一方でオーストラリア、特にゴールドコーストやブリスベンは、世界中の人にとって羨望《せんぼう》の的となりつつあります。少なくともオーストラリア人は、ゴールドコーストで生活することに憧れを抱いています。

しかも、ライフスタイルだけでなく、資産形成という点でも優秀です。本書で述べてきたように、家賃収入という名の安定収益を得られる不動産投資をゴールドコーストやブリスベンなどの地域で行えば、理想のライフスタイルと資産形成を同時に実現できるのです。

もちろん、ハイリスク・ハイリターンを得たいのであれば、東南アジアの発展途上国などに投資した方がいいかもしれません。短期的に儲けたい人ほど、リスクを取ってそういった地域にも投資していいと思いますし、実際多くの方が投資していると聞きます。ただそこには、本書で繰り返し述べてきたクオリティー・オブ・ライフの実現はありません。

やはり私は、投資した不動産を含む、地域そのものを楽しんでもらいたいと考えています。「豊かになる」という言葉の中には、資産の面だけでなく、心や身体、そして人生そのものへのアプローチも含まれています。それが価値の総体です。

あらためて紹介すると、**オーストラリアには年間で4週間の休暇取得制度があり、オーストラリア人は必ずこれを取得します**。なぜなら有給休暇を取った人には特別手当が付与されるからです。このお金は、有給休暇を取らない人には与えられません。

さらに、**経営者は社員に未消化の有給休暇があると、会社の債務にされてしまいます**。社員が多ければ多いほど、有給休暇を消化してもらわないと、財務上、借金が膨らむということになります。しかも社員の退職時には未消化の有給休暇は清算する義務があります。ですから、債務を減らす目的も含めて、社長は積極的に「休みを取ってね」と言います。

そのおかげで、ゴールドコーストのようなリゾート物件が、買う・借りる、どちらのニーズでも常に人気があるのです。ちなみに、北海道のニセコや長野の白馬がオーストラリア人に人気なのも、同じ理由によるものです。

国民が余暇に時間を費やすことができる制度と習慣があることで、ゴールドコーストは観光業だけでなく、不動産業も潤っているのが特徴です。北海道のニセコのコンドミニアムの分譲開発は実はオーストラリア人が先駆けてやったもので、今では世界中から人が集まっています。だからこそ、私が積極的に営業をかけなくても、多くの人から支持を得ることができています。

これからもオーストラリア、特にゴールドコーストは、リゾート地としても、生活の拠点としても、そして投資先としても高い人気を得ていくと予想されます。本書でお伝えしてきた数々の魅力は、実際に現地を見ることによって、納得に変わると信じてやみません。

あとがき

「母ちゃんに迷惑かけても、他人には迷惑かけるな」

本書を最後までお読みいただき、誠にありがとうございます。ここまでのお話を踏まえて、私がなぜオーストラリアという市場に強くひかれ、長年にわたって不動産業を営んできたのかについて、別の側面からもお話ししたいと思います。

私は1965年に、沖縄県の宮古島で生まれました。ご存じのとおり、宮古島は日本有数の自然環境を誇る美しい島です。特に、サンゴをはじめとする海の素晴らしさは、訪れたことがある人であれば誰もが共感していただけることでしょう。

一方で、私が育った家庭環境は、必ずしも恵まれたものではありませんでした。両親は、私が生まれる前に離婚。母は国や県から何らかの補助を受けたりしていたのでしょうが、母子家庭ということもあり、経済的に大変苦労していたと思います。
もともと母は、最初の夫との間に3人の子どもをもうけていましたが、その夫とは死別。その後、長女が夫側の親戚に引き取られ、母は同じような境遇で妻と死別して子ども3人を持つ私の父と再婚しました。すぐに兄と私を産みましたが、離婚。以後は、女手一つで4人の子どもを食べさせてくれたのですが、その苦労は想像に難くありません。年の離れた2人の兄姉は、中学卒業後にはすぐ社会人になって家計を支えていました。

そのような環境で育った私といえば、小さい頃から好奇心旺盛でした。道があれば「この道はどこに続いているんだろう」と思い、どうしてもその先が見たくなり、気がつくとよく迷子になっていました。何度もおまわりさんのお世話になったものです。

経済的には非常に貧しかったのですが、母や親戚の愛情が豊かだったことと、まるで兄弟のような友達に多く恵まれたこともあり、それほど惨めな思いはしませんでした。小学校に入ると、私は家計を助けるために新聞配達や牛乳配達をしたり、ゴルフ場でロストボールを拾ったりして小遣いを稼いでいました。当時、働いて得たお金を母に渡すのがとても嬉しく、楽しみだったのを覚えています。

高校は、沖縄県立宮古工業高校の自動車科に進みました。この頃、宮古島では、高校に入ると一人前と見なされ、お酒を飲むことも黙認されていたところがありました。そのため、私はたびたび友人とお酒を飲み、飲酒運転で補導され、停学処分を受けることもありました。

2度目にパトカーに追いかけられたときは、さすがに退学を覚悟しましたが、なぜか学校から呼び出しを受けずに済みました。今思うと、私の家庭環境を知る担任の先生が「この子を退学させたらかわいそう」と思い、配慮してくれたのかもしれません。あるいは、私の知らないところで、母が先生に頼み込んだのかもしれません。

いまだに真相は分かりませんが、その後、母が「母ちゃんに迷惑をかけても、他人には迷惑かけるな」と、私にきつく言ったことが強く心に残っています。

その後も私は、家計を助けるために、パイナップル工場、ガソリンスタンドの店員、サトウキビの収穫、上下水道工事などの労働に明け暮れました。高校卒業後はお金をためるために神奈川県綾瀬市にある自動車部品工場で働き、その後は東京観光専門学校に通ったのですが、その学費を稼ぐために昼は働き、夜に学校へ通いました。

池袋にある喫茶店で2年ほど働き、ここで接客業と「正しい日本語」を学びました。

東京に来て数年は、沖縄の方言が抜けずに苦労したものです。それでもお金を稼ぎながら学んだ日々は、大きな糧となり、今の自分につながっています。

資産形成とライフスタイルをゴールドコーストで実現する

小さな島で生まれ、東京の観光専門学校に入った私はやがて、幼い頃に抱いた「道の向こう」の世界へと自然に憧れるようになりました。すぐ上の兄が旅行会社に勤め始めて海外の話をいろいろと聞かせてくれ、「海外で仕事したらいいよ」と言ってくれたこともあり、「海の向こうにはもっと広い世界がある！」というワクワクする気持ちが募りました。

そこで、喫茶店で働きながら、夜間学校に通って渡航費用をため、兄姉からもらった軍資金を持って、21歳の時にワーキングホリデーでオーストラリアに渡りました。そのとき、最初に降り立った土地がゴールドコーストだったのです。これが私の人生のターニングポイントとなりました。

ゴールドコーストの海は、朝日に照らされると金色に輝きます。まさに地名の由来そのものです。黄金色の砂浜は60キロも続きます。この景色を一目見た人は、きっと忘れられなくなると思います。

街は自然と一体化しています。近代都市のように自然を排除したり、自然を切り崩してビルを林立させたりするような感じではなく、自然の中に人間が生きるための街が、一風景として存在しているのです。

しかも、カナルに面したどの家にも、庭先に桟橋があり、裏庭を出たらすぐに自分のボートで海に行けます。山も近く、多くの人が週末にはキャンピングカーに乗ってブッシュウォークに出かけます。

前述のように、私のふるさとの宮古島は、公共工事で毎年のようにきれいな海が埋め立てられていました。子どもながらに、その凄惨《せいさん》な光景に心を痛めていたのですが、オーストラリアでは自然を壊すという行為がほぼなく、まるで自然の中に人間が住まわせてもらっているようです。

そのとき私は、この地で働き続けたいと強く思いました。そして今日まで希望の地で働くことができています。

メルボルンの日本食レストランで皿洗いをし、その後、旅行会社で1年間、日本人観光客を迎える現地ガイドをしました。英語は不慣れでしたが、渡航前にNHKのラジオ講座で勉強し、現地でも単語帳を作り、一つひとつ単語を覚えていきました。単語帳の冒頭には、「Ｖｉｃｔｏｒｙ」と書いてあります。オーストラリアの地に立った当時、私はそんな単語さえ知らなかったのです。

「働くならオーストラリア、そしてゴールドコーストにしよう」と決意してから30年以上、私は日本人およびオーストラリア人に優良な不動産を紹介し続けてきました。いや、正確には、この地の自然とライフスタイルを紹介し続けてきました。その思いこそが私が不動産業を営む理由です。

「環境が人を育てる」といいますが、憧れていた国で多くの人たちを幸せにする仕事に就けたことを、今でも毎日感謝しています。

いつもご愛顧いただいている客様、仲間として頑張ってくれている社員たち（退職した社員も含めて）、すべての取引先の皆さま、そして何よりも多方面から支えてくれる妻のまゆみと息子の琉太朗に感謝の気持ちを伝えたいと思います。
　この本を書く上でもたくさんの方にお世話になりました。合同フォレスト株式会社の山中洋二さん、担当編集の下村理沙さん、協力してくれた深谷恵美さん、山中勇樹さん、そしてこの機会を実現してくださった出版プロデューサー、株式会社天才工場の吉田浩社長、石野みどりさん、オーストラリア・ゴールドコーストの不動産の素晴らしさを多くの方に知ってもらいたいという私の熱い気持ちにお応えくださった皆さま方に心よりお礼申し上げます。

　本書をお読みになったあなたもぜひ、オーストラリア・ゴールドコーストの素晴らしさを知ってください。そして、不動産投資を通じて、資産形成と豊かなライフスタイルを同時に実現してみてください。それがあなたの人生に幸せをもたらすと、私は確信しています。

２０２０年11月吉日

株式会社ワイドエステート代表取締役社長　砂川　盛作

巻末付録

ゴールドコーストを120%遊び倒すために

「巻末付録」として、ゴールドコーストを120%遊び倒すための基礎情報を紹介します。オーストラリア・ゴールドコーストの概要とともに、全体像を把握しておきましょう。

❖ゴールドコーストの地形

ゴールドコーストは、オーストラリアの北東部に位置するクイーンズランド州にあります。クイーンズランドは美しい海と都市のコントラストを有するエリアで、ビーチはもちろん、グレートバリアリーフや世界最古の熱帯雨林などの観光資源も豊富な土地です。

そんなクイーンズランド州の中でも、リゾート観光都市として成長著しいのがゴールドコーストです。図表1をご覧いただくと分かりますが、クイーンズランド州の東南に位置し、光り輝くビーチが約60キロにわたって続いているのが特徴です。

図表1　クイーンズランド州とゴールドコースト

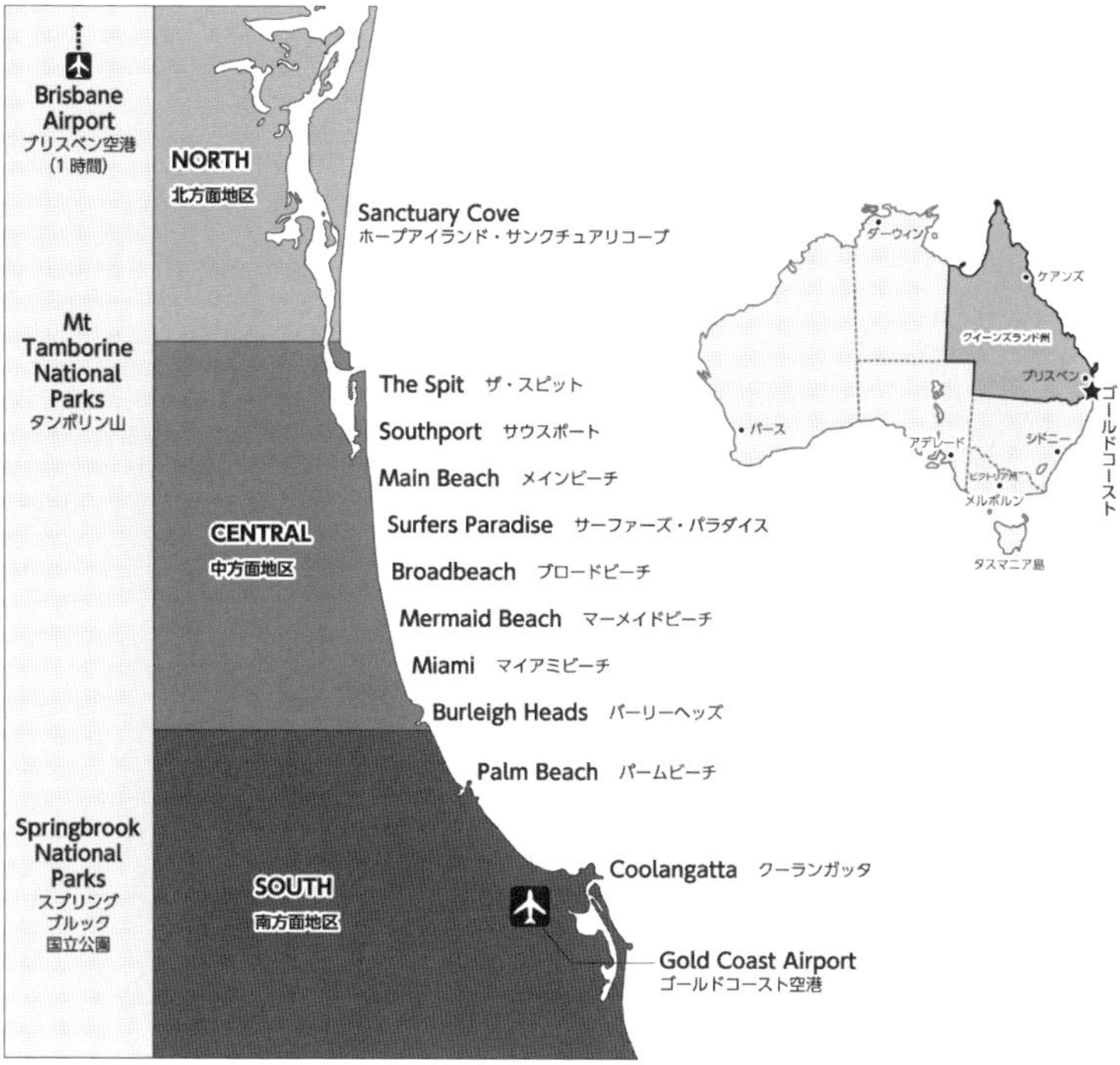

図表2　オーストラリアの四季と気温・湿度

四季	平均気温	特徴
夏（12月～2月）	21～28.4℃	湿度は69～75％ほどと高め
秋（3月～5月）	18～25.7℃	海水温が高く（25.2℃）、秋でも泳げる
冬（6月～8月）	12.5～21.5℃	晴れて乾燥した日が多くなる
春（9月～11月）	16.9～25.4℃	晴れて暖かいが、9月は乾燥した強い風が吹く

「サーファーズパラダイス」を有するなど、ゴールドコーストは〝サーファーの聖地〟としても世界的に知られている一方、パラセーリングやシーカヤックなど多彩なマリンアクティビティーを体験することもできます。

海岸沿いの主要都市は図表1のような位置関係となっています。

❖ゴールドコーストの気候

ゴールドコーストは、熱帯に次いで気温の高い「亜熱帯性気候」で、イメージとしては沖縄に近いかもしれません。日本のように四季を楽しめるものの、季節はほぼ真逆となるため、渡航の際には気温や服装に注意しましょう。

気になる降水量については、最も多いのが2

月で、例年184ミリほど雨が降ります。午後から夕方にかけて激しい風雨が発生することもあります。ただし、年間約300日は晴天なので、時期に注意すればそれほど心配する必要はありません。

オーストラリア政府観光局によると、四季や気温などは図表2のように推移するとされています。

❖ オーストラリアの歴史

約6万年前から居住していた先住民の地であるオーストラリア大陸には、18世紀頃にヨーロッパ人の移住が始まり、1770年にはイギリス領として宣言されています。その後、先住民と移住者による独特の文化や生活様式が形成されていきました。

東海岸からスタートしたオーストラリア大陸の植民地化はやがて西へと向かい、1829年には西オーストラリアも正式にイギリスの領有と宣言されます。1836年には南オーストラリアにも植民地が誕生し、イギリスとの関係はさらに深まりました。

その後、羊毛や鉄鉱石などでの資源による経済発展を経て、イギリス式の憲法や議会制度も導入。19世紀半ばには、バサーストでゴールド・ラッシュが始まり、人口が急増します。そして１９０１年には、イギリスの承認を得てオーストラリア連邦が誕生しました。

第二次世界大戦後は、小麦や羊毛などの第１次産業に加えて、鉄鉱石などの資源や製造業も伸びていき、戦後の復興とともに好景気が訪れます。イギリスの影響力が弱まった１９６０年代以後は、移民政策の推進による多民族国家が誕生。一時はいわゆる、白豪主義という移民政策が取られた時期もありますが、１９７３年以降は多文化主義を国策として掲げ、日本を含むアジアからの移民も多く受け入れて、現在に至ります。

ちなみにゴールドコーストは、１９５０年〜80年頃にかけて生じた経済成長と人口増加に支えられ、オーストラリアの中で最も急速に発展した都市の一つとなりました。美しい海岸線を中心に、観光などが大きく成長してきたことは本文でも紹介したとおりです。

❖オーストラリアの先住民

オーストラリアを語る上で、この国の先住民であるアボリジニとトレス海峡の島民の存在を認識しておくことはとても大切です。

オーストラリアの建国記念日は1月26日ですが、先住民にとっては侵略された日ともいわれています。オーストラリア政府は過去に取った先住民に対する痛ましい差別や同化政策などを反省し、その出来事を風化させないため、毎年5月26日をNational Sorry Day（国家謝罪の日）と定めています。集会などの開催時においては、先住民の長老や首長に対して敬意を表する言葉が主催者側によって述べられます。

❖ゴールドコーストの観光資源

ゴールドコーストに限らず、オーストラリアと聞いて、真っ先にコアラやカンガルーをイメージする人は多いかと思います。ただ、オーストラリアに生息する動物はコアラやカンガルーだけでなく、豊富な自然を背景に、ワニもいればイルカもいます。

また、カモノハシ、ハリモグラ、ワラビーなどの珍しい動物や、マグパイやブラッシュターキーなど、多雨林群に生息する野鳥を観察することもできます。動植物が好きな方はぜひ、世界遺産であるゴンドワナ多雨林群に足を運んでみてはいかがでしょうか。

さらに、ゴールドコースト南部沿岸にあるカランビン自然動物保護園は、野生動物の宝庫として知られています。テーマパーク、動物園、水族館などの豊富な娯楽施設とともに、野生の自然を楽しめるのがゴールドコーストの魅力といえるでしょう。

❖ゴールドコーストへの渡航

ゴールドコーストへの渡航には、格安航空券などを含む空路が用意されています。ゴールドコースト空港（ＯＯＬ）は中心部から20キロほど南に位置し、国内線はもちろん、日本や香港から定期便が就航しています。

日本からゴールドコーストへ行く場合は、成田空港から就航している直行便を利用すると便利です（約9時間）。ブリスベン行きの直行便を利用してオーストラリアに入国し、1時間ほどバスに揺られてゴールドコーストに向かうのもいいでしょう。

直行便以外では、シドニーやケアンズ経由か、さらには香港やクアラルンプール、シンガポールなどを経由して行くこともできます。ちなみに航空券の相場としては、現地の夏に当たる12月が最も高く、冬に当たる6月が最も安い傾向にあるようです。

❖現地での移動方法

最後に、現地での移動方法についても触れておきましょう。

国土が広いこともあり、ゴールドコースト内での移動は車が基本となります。国際免許をお持ちならレンタカーを借りてもいいですし、キャンピングカーなども手軽にレンタルできるのでオススメです。車種にもよりますが、1日当たり40豪ドル～が相場です。日本と同じ右ハンドル、左側通行となりますので、運転に違和感はないと思います。

レンタカーを利用しない場合は、路面電車である「トラム」や市営バス、タクシー、ウーバーなどを利用してもいいでしょう。あらかじめ訪れたい場所を決めた上で、移動手段について検討してみてください。

● 著者プロフィール

砂川盛作（すなかわ　せいさく）

株式会社ワイドエステート代表取締役社長

1965年、沖縄・宮古島に生まれる。1987年にワーキングホリデーを利用しオーストラリアへ。1989年より日系の豪州不動産コンサルティング会社で営業を経験。その後、日系の不動産投資・開発会社の現地取締役に就任。さらに、現地の不動産会社LJH社、JLL社、CBREにてコンサルティング業を続ける。1991～1993年のバブル崩壊を乗り切った経験を持つ。

1997年、起業。1999年、株式会社ワイドエステートを設立。居住不動産、収益不動産、店舗・オフィスビル、開発用地の仲介・売買を行う。新規開発物件の日本市場への販売、住宅開発分譲事業、小規模M＆A・コンサルティングも手がける他、アリーラーニング（保育幼稚園）事業買収コンサルティング等も展開。共同経営で保育幼稚園9園のオーナーでもある。

オーストラリアにおける不動産ビジネス歴は約30年。日本人としては、最も長く不動産業に関わっている。現在も、不動産物件の視察に膨大な時間をかけ、幼い息子を不動産視察に引っ張り回すことも多々ある。

オーストラリア・ゴールドコースト在住。

株式会社ワイドエステート（WIDE ESTATE PTY LTD）
https://wide-estate.com.au